Introduzione

Capitolo 1: L'essenza della leadership

Che cos'è la leadership?

"UN LEADER È UNO CHE CONOSCE LA VIA, LA PERCORRE E LA MOSTRA AGLI ALTRI." — John C. Maxwell

La leadership è un concetto complesso e multidimensionale che ha attirato l'attenzione di studiosi, praticanti e filosofi per secoli. Definire esattamente che cos'è la leadership può essere una sfida, poiché si manifesta in numerosi contesti e assume forme diverse a seconda delle situazioni e delle persone coinvolte. Tuttavia, alla base di ogni concezione di leadership vi è la capacità di influenzare, guidare e ispirare gli individui verso il raggiungimento di obiettivi comuni. In altre parole, la leadership è l'arte di orientare un gruppo verso un futuro condiviso, utilizzando una combinazione di visione, competenze interpersonali e capacità di prendere decisioni.

Definizione e aspetti fondamentali

La leadership può essere definita come il processo attraverso il quale un individuo, il leader, guida e motiva un gruppo di persone verso il raggiungimento di obiettivi specifici. Questo processo non si limita semplicemente a dare ordini, ma implica una serie di dinamiche interpersonali e strategiche. I leader influenzano il comportamento e le percezioni degli altri attraverso una combinazione di capacità comunicative, empatia e competenze decisionali. Essi creano una visione e la comunicano in modo efficace, ispirando e mobilitando il gruppo per affrontare le sfide e raggiungere risultati.

Il concetto di influenza

Uno degli aspetti centrali della leadership è l'influenza. Un leader non si limita a dare istruzioni, ma deve essere in grado di influenzare il pensiero e il comportamento degli altri. Questa influenza può derivare da diverse fonti, tra cui l'autorità formale, la competenza, la carisma e la credibilità personale. I leader utilizzano queste fonti di influenza per motivare e guidare il loro team, creando un ambiente in cui le persone sono entusiaste e impegnate verso gli obiettivi comuni. L'influenza è una forza potente che può essere esercitata in modo positivo o negativo, e la qualità della leadership dipende spesso dalla capacità di un leader di utilizzare questa influenza in modo etico e costruttivo.

La visione e la comunicazione

Un altro elemento chiave della leadership è la visione. I leader devono essere in grado di sviluppare una chiara visione del futuro e comunicarla efficacemente al loro team. Questa visione fornisce una direzione e uno scopo, aiutando i membri del gruppo a comprendere il significato e l'importanza del loro lavoro. La capacità di comunicare questa visione in modo chiaro e coinvolgente è essenziale per mantenere il team allineato e motivato. I leader devono essere abili nel trasmettere le loro idee e ispirare gli altri attraverso una comunicazione persuasiva e autentica.

Paolo Maria Lancia

Leadership integrale

La guida completa per diventare un leader efficace

Indice

Le competenze relazionali

La leadership non si basa solo sulla capacità di influenzare e comunicare, ma richiede anche competenze relazionali. Un leader efficace deve essere in grado di costruire e mantenere relazioni positive con i membri del team. Questo implica ascolto attivo, empatia, e la capacità di comprendere e rispondere alle esigenze e alle preoccupazioni degli altri. La costruzione di relazioni solide aiuta a creare un ambiente di lavoro positivo e collaborativo, in cui i membri del team si sentono valorizzati e supportati.

Leadership e contesto

La leadership è anche influenzata dal contesto in cui si esercita. Diversi ambienti e situazioni richiedono approcci e stili di leadership differenti. Ad esempio, la leadership in un contesto aziendale può differire da quella in un'organizzazione non profit o in un gruppo comunitario. I leader devono essere capaci di adattare il loro stile e le loro strategie alle specifiche esigenze e dinamiche del contesto in cui operano. La capacità di adattarsi e rispondere in modo flessibile alle sfide e alle opportunità del contesto è fondamentale per il successo della leadership.

Conclusione

In sintesi, la leadership è un fenomeno complesso e dinamico che coinvolge una combinazione di influenza, visione, comunicazione e competenze relazionali. È un processo attraverso il quale un leader guida e motiva un gruppo verso il raggiungimento di obiettivi comuni, adattandosi alle esigenze e alle sfide del contesto in cui opera. Sebbene la leadership possa manifestarsi in modi diversi e assumere forme varie, la sua essenza rimane centrata sulla capacità di ispirare e guidare gli altri verso un futuro condiviso.

Perché la leadership è importante?

"LA LEADERSHIP È LA CAPACITÀ DI TRADURRE LA VISIONE IN REALTÀ." —
Warren Bennis

La leadership è un elemento cruciale per il successo di qualsiasi organizzazione, gruppo o iniziativa. La sua importanza si estende ben oltre il semplice atto di guidare gli altri; essa influisce profondamente su come le persone lavorano insieme, raggiungono obiettivi e affrontano le sfide. Comprendere perché la leadership è così importante richiede un'esplorazione dei suoi effetti e dei benefici che essa apporta in vari contesti. In questa sezione, analizzeremo i motivi principali per cui la leadership è essenziale, considerando il suo impatto su produttività, cultura, innovazione e sviluppo individuale.

1. Orientamento verso gli obiettivi

Uno degli aspetti più evidenti dell'importanza della leadership è la capacità di orientare un gruppo verso obiettivi specifici. I leader forniscono una visione chiara e una direzione strategica, aiutando i membri del team a comprendere cosa devono fare e perché. Senza una guida efficace, è facile che le persone si sentano perse o demotivate, portando a una mancanza di concentrazione e a una diminuzione della produttività. Un buon leader stabilisce obiettivi chiari e misurabili, crea piani d'azione e guida il team attraverso le difficoltà, mantenendo tutti focalizzati sulla missione comune.

2. Motivazione e impegno

La leadership è fondamentale per motivare e coinvolgere i membri del team. I leader ispirano gli altri a dare il massimo e a impegnarsi verso il raggiungimento degli obiettivi. Attraverso la loro visione, entusiasmo e supporto, i leader creano un ambiente in cui le persone si sentono valorizzate e riconosciute. La capacità di un leader di motivare il team influisce direttamente sul livello di impegno e sulla qualità del lavoro prodotto. La motivazione non è solo una questione di premi e riconoscimenti, ma anche di creare una cultura in cui i membri del team sono appassionati e impegnati nel loro lavoro.

3. Gestione del cambiamento e resilienza

In un mondo in costante evoluzione, la capacità di gestire il cambiamento è essenziale. I leader svolgono un ruolo cruciale nel guidare il team attraverso le transizioni e le incertezze, assicurando che i cambiamenti siano gestiti in modo efficace e che le persone si adattino alle nuove circostanze. Un leader efficace non solo affronta le sfide con resilienza, ma guida anche il team attraverso processi di cambiamento, mantenendo alta la morale e il focus sugli obiettivi. La leadership aiuta a minimizzare l'ansia e le resistenze al cambiamento, facilitando un adattamento fluido e produttivo.

4. Sviluppo e crescita individuale

La leadership è fondamentale anche per il sviluppo e la crescita personale dei membri del team. I leader hanno il potere di influenzare positivamente la carriera e le competenze dei loro collaboratori attraverso coaching, mentoring e opportunità di sviluppo. Un buon leader riconosce e coltiva i talenti individuali, fornendo feedback costruttivi e supporto per la crescita professionale. Questo non solo aiuta a costruire una forza lavoro più competente e motivata, ma contribuisce anche alla soddisfazione e alla realizzazione personale dei membri del team.

5. Promozione di una cultura positiva

La leadership gioca un ruolo cruciale nella creazione e nel mantenimento di una cultura organizzativa positiva. I leader stabiliscono le norme e i valori che definiscono il modo in cui le persone lavorano insieme e interagiscono. Una cultura positiva, caratterizzata da rispetto, collaborazione e supporto reciproco, può migliorare significativamente la qualità del lavoro e il benessere dei dipendenti. I leader che promuovono una cultura inclusiva e positiva creano un ambiente in cui le persone sono motivate a dare il massimo e a contribuire al successo collettivo.

6. Risoluzione dei conflitti

In qualsiasi gruppo o organizzazione, i conflitti sono inevitabili. I leader svolgono un ruolo cruciale nella risoluzione dei conflitti, facilitando la comunicazione e trovando soluzioni che soddisfino le parti coinvolte. Una gestione efficace dei conflitti non solo risolve le dispute in modo equo, ma rafforza anche la coesione del team e previene problemi futuri. La capacità di un leader di affrontare e risolvere i conflitti in modo costruttivo è essenziale per mantenere un ambiente di lavoro armonioso e produttivo.

7. Innovazione e cambiamento

La leadership è fondamentale anche per promuovere l'innovazione e il cambiamento. I leader visionari incoraggiano la creatività e la sperimentazione, creando un ambiente in cui le idee nuove possono prosperare. Essi sfidano lo status quo, esplorano nuove opportunità e spingono il team a pensare fuori dagli schemi. L'innovazione non avviene per caso; richiede un leader che sia disposto a prendere rischi calcolati e a supportare i membri del team nel perseguimento di nuove soluzioni e approcci.

8. Eccellenza operativa e successo

Infine, la leadership è un fattore determinante per l'eccellenza operativa e il successo complessivo di un'organizzazione. I leader guidano il team verso l'efficienza e l'efficacia, assicurandosi che i processi e le operazioni siano gestiti in modo ottimale. La loro capacità di prendere decisioni strategiche, ottimizzare le risorse e mantenere la qualità del lavoro influisce direttamente sui risultati e sul successo dell'organizzazione. Un'organizzazione con una leadership forte e competente è in grado di raggiungere e superare i propri obiettivi, mantenendo una posizione competitiva nel mercato.

Conclusione

In sintesi, la leadership è un elemento cruciale che influisce su numerosi aspetti del funzionamento di un'organizzazione. Dalla definizione degli obiettivi alla motivazione e all'impegno, dalla gestione del cambiamento alla promozione di una cultura positiva, i leader hanno un impatto profondo e multifacetico. La loro capacità di guidare, ispirare e gestire è essenziale per il successo e la crescita sia dell'individuo che del gruppo nel suo complesso. La leadership non è solo un ruolo o una posizione, ma una pratica continua e dinamica che richiede competenza, visione e dedizione.

I tipi di leader

"IL COMPITO DELLA LEADERSHIP È CREARE PIÙ LEADER, NON PIÙ SEGUACI." – Ralph Nader

La leadership si manifesta in molti modi e non esiste un unico stile o approccio che si adatti a tutte le situazioni. I leader possono essere classificati in diversi tipi a seconda delle loro caratteristiche, comportamenti e approcci alla gestione e alla guida dei team. Ogni tipo di leader ha punti di forza e limitazioni specifici, e la scelta del tipo di leadership più efficace dipende spesso dal contesto e dagli obiettivi. In questa sezione, esploreremo i principali tipi di leader, analizzando le loro caratteristiche distintive, i vantaggi e le sfide associate.

1. Leader autoritario

Il leader autoritario, o autocratico, è caratterizzato da un alto grado di controllo e decisione centralizzata. Questo tipo di leader prende decisioni unilaterali e impone le proprie scelte al team senza cercare il contributo o l'opinione dei membri. Il leader autoritario è spesso visto come un comandante che dirige le operazioni e si aspetta che le istruzioni siano seguite senza discussione.

Vantaggi:

- **Chiarezza e Direzione:** Fornisce direttive chiare e decisioni rapide, che possono essere utili in situazioni di emergenza o quando è necessaria una forte direzione.

- **Efficienza:** In contesti dove le decisioni devono essere prese rapidamente e non c'è tempo per la consultazione, questo tipo di leadership può garantire azioni tempestive e coerenti.

Svantaggi:

- **Mancanza di Coinvolgimento:** Può ridurre il coinvolgimento e la motivazione dei membri del team, poiché non vengono considerati nella decisione.

- **Resistenza e Insoddisfazione:** Può portare a resistenza e insoddisfazione tra i membri del team, che possono sentirsi esclusi dal processo decisionale.

2. Leader partecipativo

Il leader partecipativo, o democratico, è caratterizzato da un approccio più inclusivo e collaborativo. Questo tipo di leader incoraggia il coinvolgimento attivo dei membri del team nel processo decisionale e nella pianificazione. Le opinioni e i suggerimenti dei membri vengono presi in considerazione prima di prendere decisioni.

Vantaggi:

- **Motivazione e Impegno:** Aumenta il coinvolgimento e la motivazione dei membri del team, poiché si sentono parte del processo e le loro idee sono valorizzate.

- **Creatività e Innovazione:** Favorisce un ambiente in cui la creatività e l'innovazione possono prosperare grazie alla diversità di idee e prospettive.

Svantaggi:

- **Processo Decisionale Più Lento:** Il processo decisionale può essere più lento a causa della necessità di consultare e ottenere il consenso dei membri del team.

- **Possibile Conflitto:** Può portare a conflitti se le opinioni dei membri del team sono molto diverse e non si riesce a raggiungere un consenso.

3. Leader trasformazionale

Il leader trasformazionale è noto per la sua capacità di ispirare e motivare i membri del team attraverso una visione chiara e appassionata. Questo tipo di leader cerca di trasformare le persone e le organizzazioni attraverso l'innovazione, il cambiamento e la crescita personale e professionale.

Vantaggi:

- **Ispirazione e Visione:** Motiva i membri del team attraverso una visione coinvolgente e stimolante, che spinge il gruppo a superare le aspettative e raggiungere nuovi traguardi.

- **Crescita e Sviluppo:** Promuove lo sviluppo personale e professionale dei membri del team, aiutandoli a crescere e a raggiungere il loro pieno potenziale.

Svantaggi:

- **Eccessiva Idealizzazione:** A volte può essere visto come poco pratico o troppo idealista, soprattutto se la visione non è ben definita o applicabile.

- **Dipendenza dalla Visione:** Può creare una dipendenza eccessiva dalla visione del leader, con il rischio che il gruppo si senta disorientato se la visione cambia o non viene realizzata.

4. Leader transazionale

Il leader transazionale si concentra sull'adempimento degli obiettivi e sull'efficienza operativa attraverso la gestione e il controllo. Questo tipo di leader utilizza premi e punizioni per incentivare il raggiungimento degli obiettivi e mantenere l'ordine all'interno del team.

Vantaggi:

- **Chiarezza e Struttura:** Fornisce una chiara struttura e aspettative, che possono migliorare l'efficienza e il rispetto delle procedure.

- **Orientamento ai Risultati:** Focalizzato sui risultati e sulla performance, questo tipo di leadership può essere efficace in ambienti in cui è essenziale il raggiungimento di obiettivi specifici.

Svantaggi:

- **Mancanza di Innovazione:** Potrebbe non favorire l'innovazione e la creatività, poiché si concentra principalmente sulla conformità e sul raggiungimento di risultati predefiniti.

- **Motivazione Limitata:** La motivazione può essere limitata ai soli incentivi tangibili e non incoraggia la crescita personale o il coinvolgimento a lungo termine.

5. Leader servizievole

Il leader servizievole, o servant leader, adotta un approccio incentrato sul servizio e sul supporto dei membri del team. Questo tipo di leader mette le esigenze e il benessere degli altri al di sopra dei propri interessi personali e lavora per facilitare la crescita e il successo degli altri.

Vantaggi:

- **Supporto e Empatia:** Crea un ambiente di lavoro positivo e supportivo, dove i membri del team si sentono apprezzati e supportati.

- **Sviluppo e Crescita:** Favorisce lo sviluppo e la crescita dei membri del team, contribuendo a costruire un gruppo più coeso e motivato.

Svantaggi:

- **Possibile Sfruttamento:** In alcuni casi, il focus eccessivo sul servizio può portare a una mancanza di autorità e rispetto, con il rischio di essere sfruttati.

- **Difficoltà nel Prendere Decisioni Difficili:** Può avere difficoltà a prendere decisioni difficili o impopolari, se queste vanno contro gli interessi percepiti dei membri del team.

6. Leader situazionale

Il leader situazionale adatta il proprio stile di leadership in base alle esigenze specifiche del contesto e delle persone coinvolte. Questo tipo di leader riconosce che non esiste un unico approccio adatto a tutte le situazioni e cambia il proprio comportamento in risposta alle circostanze.

Vantaggi:

- **Flessibilità:** Permette di adattarsi rapidamente ai cambiamenti e alle diverse esigenze del team, migliorando l'efficacia e la rilevanza del proprio approccio.

- **Risposta alle Esigenze:** Affronta le situazioni in base alle condizioni attuali, ottimizzando le strategie e le tecniche di leadership.

Svantaggi:

- **Incertezza:** Può portare a incertezze tra i membri del team se il cambiamento di stile non è ben comunicato o giustificato.

- **Richiede Alta Competenza:** Richiede ai leader una vasta gamma di competenze e la capacità di riconoscere e rispondere efficacemente a diverse situazioni.

7. Leader carismatico

Il leader carismatico utilizza il proprio fascino personale e la propria abilità di comunicazione per ispirare e motivare gli altri. Questo tipo di leader è spesso molto influente e capace di attrarre e coinvolgere i membri del team attraverso la propria personalità e il proprio entusiasmo.

Vantaggi:

- **Ispirazione:** Motiva e ispira attraverso una forte presenza e una comunicazione appassionata, creando un forte legame con i membri del team.

- **Attrazione e Coesione:** Attira e unisce le persone intorno a una causa o a una visione condivisa, contribuendo a costruire un team coeso e dedicato.

Svantaggi:

- **Dipendenza dalla Personalità:** Il successo può dipendere eccessivamente dalla personalità del leader, rendendo difficile sostenere il successo a lungo termine senza di esso.

- **Possibile Manipolazione:** La capacità di influenzare può talvolta sfociare nella manipolazione, se il leader utilizza il proprio fascino per fini personali.

Conclusione

In conclusione, i tipi di leader sono numerosi e vari, ognuno con le proprie caratteristiche, vantaggi e sfide. La scelta del tipo di leadership più appropriato dipende dal contesto, dagli obiettivi e dalle persone coinvolte. I leader efficaci sono spesso in grado di combinare diversi stili e approcci per rispondere alle esigenze specifiche del loro team e dell'ambiente in cui operano. La comprensione e l'adattamento ai diversi tipi di leadership possono aiutare a migliorare la propria efficacia come leader e a creare un ambiente di lavoro più produttivo e soddisfacente.

Capitolo 2: Le qualità di un grande leader

Caratteristiche personali

"IL CARATTERE È LA SOMMA TOTALE DI TUTTE LE NOSTRE SCELTE QUOTIDIANE." — Margaret Jensen

Le caratteristiche personali di un grande leader sono fondamentali per il successo nella guida e nella gestione di un team. Queste qualità vanno ben oltre le competenze tecniche e le conoscenze specifiche; esse comprendono tratti e comportamenti che influenzano direttamente la capacità del leader di ispirare, motivare e guidare gli altri. In questa sezione, esploreremo le principali caratteristiche personali che definiscono un grande leader, evidenziando come queste influenzano la loro efficacia e il loro impatto sui membri del team e sull'organizzazione nel suo complesso.

1. Visione

Una delle qualità più distintive di un grande leader è la visione. La visione rappresenta la capacità di vedere oltre l'ordinario e di immaginare un futuro migliore o diverso. Un leader con una visione chiara è in grado di delineare obiettivi ambiziosi e ispirare il team a lavorare verso questi obiettivi. La visione non è solo un sogno irrealizzabile, ma una guida pratica e strategica che orienta le decisioni e le azioni del leader e del team. Senza una visione chiara, è difficile mantenere il focus e l'entusiasmo, e il team potrebbe perdere di vista gli obiettivi a lungo termine.

2. Integrità

L'integrità è una qualità essenziale per qualsiasi leader. Essa implica onestà, coerenza e aderenza a principi etici e morali. Un leader integro guadagna la fiducia e il rispetto dei membri del team, poiché dimostra attraverso le proprie azioni e decisioni di essere affidabile e giusto. L'integrità aiuta a creare un ambiente di lavoro basato sulla trasparenza e sul rispetto reciproco, e contribuisce a costruire una cultura organizzativa sana. Senza integrità, un leader può perdere la credibilità e la fiducia dei propri collaboratori, compromettendo la coesione e la produttività del team.

3. Empatia

L'empatia è la capacità di comprendere e condividere i sentimenti degli altri. Un grande leader deve essere in grado di mettersi nei panni degli altri, riconoscere le loro emozioni e rispondere con comprensione e supporto. L'empatia aiuta i leader a costruire relazioni forti e genuine con i membri del team, a gestire i conflitti in modo più efficace e a promuovere un ambiente di lavoro collaborativo e rispettoso. Un leader empatico è in grado di riconoscere e apprezzare le diverse prospettive e contribuisce a creare un team più coeso e motivato.

4. Resilienza

La resilienza è la capacità di affrontare e superare le difficoltà e le avversità. I leader resilienti sono in grado di mantenere la calma e la determinazione anche di fronte alle sfide e ai fallimenti. Questa qualità è cruciale per gestire i periodi di crisi e per guidare il team attraverso le incertezze e i cambiamenti. La resilienza non solo aiuta i leader a superare le difficoltà personali, ma ispira anche il team a perseverare e a mantenere un atteggiamento positivo nonostante le sfide. Un leader resiliente mostra che è possibile affrontare le difficoltà con grinta e ottimismo, rinforzando la fiducia e la motivazione del gruppo.

5. Auto-consapevolezza

L'auto-consapevolezza è la capacità di riconoscere e comprendere le proprie emozioni, punti di forza e debolezze. Un grande leader deve essere consapevole di come il proprio comportamento e le proprie decisioni influenzano il team e l'organizzazione. L'auto-consapevolezza consente ai leader di riconoscere le proprie aree di miglioramento e di lavorare su di esse, migliorando continuamente le proprie competenze e il proprio approccio alla leadership. Essa contribuisce anche a una maggiore autenticità e coerenza nel comportamento del leader, il che favorisce la fiducia e il rispetto tra i membri del team.

6. Capacità di ascolto

La capacità di ascolto è fondamentale per un leader efficace. Un buon leader deve essere in grado di ascoltare attivamente le preoccupazioni, le idee e i feedback dei membri del team. L'ascolto attivo non solo dimostra rispetto per le opinioni degli altri, ma fornisce anche informazioni preziose che possono influenzare le decisioni e le strategie. I leader che ascoltano bene sono in grado di rispondere in modo più efficace alle esigenze del team e di prendere decisioni più informate e bilanciate. Inoltre, l'ascolto aiuta a costruire un clima di comunicazione aperta e collaborativa.

7. Capacità di prendere decisioni

La capacità di prendere decisioni è una competenza cruciale per qualsiasi leader. I leader devono essere in grado di analizzare le informazioni, valutare le opzioni e prendere decisioni difficili in modo tempestivo e ponderato. La capacità di prendere decisioni efficaci implica anche la disponibilità a assumersi la responsabilità delle proprie scelte e ad affrontare le conseguenze. Un leader che prende decisioni con sicurezza e determinazione ispira fiducia e offre una guida chiara al team, contribuendo a mantenere il focus e a raggiungere gli obiettivi.

8. Carisma

Il carisma è una qualità personale che consente ai leader di attrarre e influenzare gli altri attraverso il proprio fascino e la propria personalità. Un leader carismatico è in grado di ispirare e motivare il team semplicemente con la propria presenza e il proprio entusiasmo. Il carisma può facilitare la costruzione di relazioni positive e la creazione di un ambiente di lavoro energico e stimolante. Tuttavia, è importante che il carisma sia supportato da competenze e comportamenti autentici, altrimenti può risultare superficiale e poco duraturo.

Conclusione

In sintesi, le caratteristiche personali di un grande leader includono visione, integrità, empatia, resilienza, auto-consapevolezza, capacità di ascolto, capacità di prendere decisioni e carisma. Queste qualità non solo definiscono il carattere e il comportamento di un leader, ma influenzano anche profondamente la loro capacità di guidare e ispirare gli altri. Un leader che sviluppa e coltiva queste caratteristiche personali è in grado di creare un ambiente di lavoro positivo e produttivo, affrontare le sfide con successo e guidare il team verso il raggiungimento degli obiettivi.

Abilità interpersonali

"LA CAPACITÀ DI RELAZIONARSI CON GLI ALTRI È LA CHIAVE DEL SUCCESSO." – Dale Carnegie

Le abilità interpersonali sono essenziali per un grande leader poiché facilitano la comunicazione, la collaborazione e la costruzione di relazioni positive con i membri del team. Queste competenze vanno oltre la semplice interazione quotidiana; includono la capacità di comprendere e gestire le dinamiche umane, di risolvere i conflitti e di motivare gli altri. Un leader con forti abilità interpersonali è in grado di creare un ambiente di lavoro produttivo e armonioso, in cui i membri del team si sentono valorizzati e supportati. In questa sezione, esploreremo le principali abilità interpersonali che caratterizzano un grande leader e come queste possono influenzare positivamente il team e l'organizzazione.

1. Comunicazione efficace

La comunicazione efficace è una delle abilità interpersonali più importanti per un leader. Essa implica la capacità di esprimere idee e informazioni in modo chiaro e comprensibile, oltre a saper ascoltare e comprendere le comunicazioni degli altri. Un leader deve essere in grado di trasmettere le proprie aspettative, fornire feedback costruttivo e facilitare una comunicazione bidirezionale tra i membri del team.

Tecniche per migliorare la comunicazione efficace:

- **Chiarezza e Precisione:** Utilizzare un linguaggio chiaro e preciso per evitare malintesi e confusioni.

- **Feedback Costruttivo:** Fornire feedback che sia specifico, orientato al miglioramento e che incoraggi il progresso.

- **Comunicazione Non Verbale:** Essere consapevoli del proprio linguaggio del corpo, espressioni facciali e tono di voce, che possono influenzare la percezione del messaggio.

Benefici: Una comunicazione efficace aiuta a evitare conflitti, a migliorare la collaborazione e a garantire che tutti i membri del team siano allineati sugli obiettivi e le aspettative.

2. Ascolto attivo

L'ascolto attivo è la capacità di prestare piena attenzione a chi parla, comprendere il messaggio e rispondere in modo appropriato. Non si tratta solo di sentire le parole, ma di comprendere il significato dietro di esse e di dimostrare interesse per le opinioni e le preoccupazioni degli altri.

Elementi dell'ascolto attivo:

- **Concentrazione:** Dare la propria completa attenzione a chi parla, evitando distrazioni.

- **Riflessione:** Ripetere o parafrasare ciò che è stato detto per confermare la comprensione.

- **Empatia:** Mostrare comprensione e supporto per le emozioni e le preoccupazioni espresse.

Benefici: L'ascolto attivo favorisce un ambiente di lavoro in cui i membri del team si sentono rispettati e compresi, migliorando la qualità delle relazioni e delle decisioni.

3. Abilità di negoziazione

Le abilità di negoziazione sono cruciali per un leader poiché spesso devono gestire conflitti, risolvere controversie e trovare soluzioni che soddisfino le esigenze di tutte le parti coinvolte. La negoziazione efficace implica la capacità di raggiungere accordi vantaggiosi attraverso il compromesso e la mediazione.

Strategie di negoziazione:

- **Preparazione:** Raccogliere informazioni e definire chiaramente gli obiettivi prima di iniziare una negoziazione.

- **Empatia e Comprensione:** Comprendere le esigenze e le preoccupazioni dell'altra parte per trovare soluzioni reciprocamente vantaggiose.

- **Compromesso e Creatività:** Essere disposti a fare concessioni e a cercare soluzioni creative che soddisfino entrambe le parti.

Benefici: Le abilità di negoziazione aiutano a risolvere i conflitti in modo costruttivo, a mantenere relazioni positive e a garantire che gli interessi del team e dell'organizzazione siano tutelati.

4. Gestione dei conflitti

La gestione dei conflitti è la capacità di affrontare e risolvere le controversie in modo efficace e costruttivo. I conflitti possono sorgere in qualsiasi ambiente di lavoro, e un leader deve essere in grado di affrontarli in modo che non compromettano la coesione e la produttività del team.

Tecniche di gestione dei conflitti:

- **Identificazione delle Cause:** Analizzare le radici del conflitto per comprendere le cause sottostanti.

- **Mediazione:** Facilitate la comunicazione tra le parti in conflitto per trovare una soluzione comune.

- **Rispetto e Neutralità:** Mantenere un atteggiamento neutrale e rispettoso per garantire che tutte le parti si sentano ascoltate e comprese.

Benefici: Una gestione efficace dei conflitti contribuisce a mantenere un ambiente di lavoro positivo e a prevenire che le tensioni compromettano la collaborazione e la produttività.

5. Motivazione e incoraggiamento

Un grande leader deve essere in grado di motivare e incoraggiare i membri del team per mantenere alta la moralità e la produttività. La motivazione può derivare dalla capacità di riconoscere i successi, di offrire opportunità di crescita e di creare un ambiente di lavoro stimolante.

Strategie di motivazione:

- **Riconoscimento:** Celebrare i successi e riconoscere i contributi dei membri del team.

- **Opportunità di Crescita:** Offrire opportunità di sviluppo professionale e di apprendimento.

- **Supporto e Risorse:** Fornire il supporto necessario e le risorse per facilitare il successo dei membri del team.

Benefici: La capacità di motivare e incoraggiare i membri del team migliora la loro soddisfazione e impegno, e contribuisce a raggiungere gli obiettivi in modo più efficace.

6. Abilità di mentoring

Il mentoring implica la capacità di guidare e supportare i membri del team nel loro sviluppo professionale e personale. Un leader che agisce come mentore offre consigli, condivide esperienze e aiuta i membri del team a raggiungere i loro obiettivi.

Elementi del mentoring:

- **Guida e Consiglio:** Offrire consigli e orientamenti basati sulla propria esperienza e competenza.

- **Supporto Continuo:** Essere disponibile per supportare e rispondere alle domande o alle preoccupazioni.

- **Sviluppo delle Competenze:** Aiutare i membri del team a identificare e sviluppare le proprie competenze e punti di forza.

Benefici: Il mentoring aiuta i membri del team a crescere e a svilupparsi, migliorando le loro competenze e aumentando il loro valore per l'organizzazione.

7. Intelligenza sociale

L'intelligenza sociale è la capacità di comprendere e gestire le dinamiche sociali e relazionali. Un leader con alta intelligenza sociale è in grado di navigare in contesti complessi e di costruire relazioni positive con diversi gruppi e individui.

Componenti dell'intelligenza sociale:

- **Consapevolezza Sociale:** Comprendere le dinamiche sociali e le emozioni degli altri.

- **Gestione delle Relazioni:** Creare e mantenere relazioni positive e costruttive.

- **Adattabilità:** Essere flessibili e adattarsi alle esigenze sociali e relazionali del contesto.

Benefici: L'intelligenza sociale consente ai leader di interagire efficacemente con diversi gruppi e di creare un ambiente di lavoro inclusivo e collaborativo.

Conclusione

In sintesi, le abilità interpersonali di un grande leader comprendono la comunicazione efficace, l'ascolto attivo, le abilità di negoziazione, la gestione dei conflitti, la motivazione e incoraggiamento, il mentoring e l'intelligenza sociale. Queste competenze non solo migliorano le relazioni all'interno del team, ma contribuiscono anche a creare un ambiente di lavoro produttivo e positivo. Un leader che sviluppa e utilizza queste abilità interpersonali è in grado di guidare il team verso il successo, affrontare le sfide con maggiore efficacia e promuovere una cultura di collaborazione e rispetto.

Competenze cognitive

"LA MENTE È TUTTO. CIÒ CHE PENSI, DIVENTI." — **Buddha**

Le competenze cognitive sono essenziali per un leader efficace poiché riguardano le capacità mentali necessarie per analizzare, comprendere e risolvere problemi complessi. Queste competenze influenzano direttamente la capacità di un leader di prendere decisioni informate, formulare strategie e affrontare sfide in modo efficiente. Le competenze cognitive non solo includono il pensiero critico e analitico, ma anche la capacità di apprendere e adattarsi a nuovi contesti. In questa sezione, esploreremo le principali competenze cognitive che caratterizzano un grande leader e come queste possono influenzare il loro successo nella guida e nella gestione.

1. Pensiero critico

Il pensiero critico è la capacità di analizzare e valutare informazioni e situazioni in modo obiettivo e sistematico. Un leader con forti capacità di pensiero critico è in grado di esaminare le evidenze, identificare i problemi e formulare giudizi basati su dati concreti piuttosto che su supposizioni o pregiudizi.

Elementi del pensiero critico:

- **Analisi delle Informazioni:** Esaminare i dati e le prove per identificare modelli, tendenze e discrepanze.

- **Valutazione delle Opzioni:** Considerare diverse prospettive e opzioni prima di prendere una decisione.

- **Riflessione e Giudizio:** Valutare le conseguenze delle decisioni e riflettere su come queste influenzano gli obiettivi e le strategie.

Benefici: Il pensiero critico consente ai leader di prendere decisioni più informate e ben ponderate, migliorando la capacità di risolvere problemi e di anticipare e affrontare le sfide.

2. Risoluzione dei problemi

La risoluzione dei problemi è la capacità di identificare, analizzare e trovare soluzioni a problemi complessi. Questa competenza implica non solo il riconoscimento dei problemi, ma anche la formulazione e l'attuazione di strategie per risolverli in modo efficace.

Tecniche per la risoluzione dei problemi:

- **Definizione del Problema:** Chiarire il problema e i suoi sintomi per identificare le cause sottostanti.

- **Generazione di Soluzioni:** Brainstorming e valutazione di diverse soluzioni potenziali.

- **Implementazione e Monitoraggio:** Attuare la soluzione scelta e monitorare i risultati per assicurarsi che il problema sia stato risolto.

Benefici: Una forte capacità di risoluzione dei problemi aiuta i leader a gestire e superare le sfide in modo efficace, garantendo che il team possa continuare a progredire verso gli obiettivi prefissati.

3. Pianificazione strategica

La pianificazione strategica è la capacità di sviluppare e implementare piani a lungo termine per raggiungere gli obiettivi organizzativi. Un leader con competenze di pianificazione strategica è in grado di stabilire obiettivi chiari, identificare le risorse necessarie e definire le azioni necessarie per ottenere risultati.

Componenti della pianificazione strategica:

- **Visione a Lungo Termine:** Stabilire obiettivi e traguardi a lungo termine che guidano la direzione dell'organizzazione.

- **Analisi SWOT:** Valutare punti di forza, debolezze, opportunità e minacce per formulare strategie efficaci.

- **Allocazione delle Risorse:** Identificare e distribuire le risorse necessarie per raggiungere gli obiettivi.

Benefici: La pianificazione strategica consente ai leader di orientare l'organizzazione verso una crescita sostenibile e di affrontare le sfide future con un piano ben definito.

4. Capacità di apprendimento continuo

La capacità di apprendimento continuo è la predisposizione a acquisire nuove conoscenze e competenze per adattarsi ai cambiamenti e migliorare continuamente. Un grande leader deve essere aperto all'apprendimento e all'aggiornamento delle proprie competenze per rimanere al passo con le evoluzioni del settore e le sfide emergenti.

Elementi dell'apprendimento continuo:

- **Curiosità Intellettuale:** Mostrare interesse per nuove idee e conoscenze.

- **Auto-analisi:** Riflettere sulle proprie esperienze e apprendere dai successi e dagli insuccessi.

- **Formazione e Sviluppo:** Partecipare a corsi, workshop e altre opportunità di sviluppo professionale.

Benefici: L'apprendimento continuo aiuta i leader a rimanere aggiornati sulle tendenze e le migliori pratiche del settore, migliorando la loro capacità di adattarsi e di innovare.

5. Capacità di decisione

La capacità di decisione è la competenza di fare scelte informate e tempestive basate su un'analisi approfondita delle informazioni disponibili. Un leader deve essere in grado di prendere decisioni rapide e risolutive, anche in situazioni di incertezza.

Processo decisionale:

- **Raccolta delle Informazioni:** Raccogliere dati pertinenti e valutare le opzioni disponibili.

- **Analisi delle Conseguenze:** Considerare le implicazioni a breve e lungo termine delle decisioni.

- **Esecuzione e Revisione:** Implementare la decisione e valutare i risultati per apportare eventuali aggiustamenti.

Benefici: Una forte capacità decisionale permette ai leader di affrontare le sfide con determinazione e di guidare il team verso il raggiungimento degli obiettivi, mantenendo alta l'efficacia e l'efficienza.

6. Creatività e innovazione

La creatività e l'innovazione sono competenze cognitive che consentono ai leader di pensare fuori dagli schemi e di sviluppare soluzioni nuove e originali per problemi complessi. Un leader innovativo è capace di incoraggiare il pensiero creativo all'interno del team e di adottare approcci non convenzionali per risolvere le sfide.

Elementi della creatività e innovazione:

- **Pensiero Laterale:** Esplorare approcci alternativi e soluzioni non tradizionali.

- **Incoraggiamento della Creatività:** Creare un ambiente che promuova l'innovazione e il pensiero creativo tra i membri del team.

- **Adattamento e Sperimentazione:** Essere aperti al cambiamento e disposti a sperimentare nuove idee.

Benefici: La creatività e l'innovazione aiutano i leader a trovare soluzioni uniche e a mantenere l'organizzazione competitiva in un ambiente in continua evoluzione.

7. Capacità di analisi dei dati

La capacità di analisi dei dati implica l'abilità di raccogliere, esaminare e interpretare dati quantitativi e qualitativi per prendere decisioni informate. Un leader con competenze di analisi dei dati è in grado di utilizzare le informazioni per identificare tendenze, valutare performance e fare previsioni strategiche.

Elementi dell'analisi dei dati:

- **Raccolta e Organizzazione:** Ottenere e strutturare i dati in modo che siano utili per l'analisi.

- **Interpretazione e Sintesi:** Analizzare i dati per identificare modelli e fare previsioni basate su evidenze.

- **Comunicazione dei Risultati:** Presentare i risultati dell'analisi in modo chiaro e comprensibile per facilitare il processo decisionale.

Benefici: L'analisi dei dati consente ai leader di prendere decisioni basate su informazioni concrete e di migliorare la performance e l'efficacia organizzativa.

Conclusione

In sintesi, le competenze cognitive di un grande leader includono il pensiero critico, la risoluzione dei problemi, la pianificazione strategica, la capacità di apprendimento continuo, la capacità di decisione, la creatività e innovazione, e l'analisi dei dati. Queste competenze sono fondamentali per affrontare le sfide e le opportunità in modo efficace e per guidare l'organizzazione verso il successo. Un leader che sviluppa e applica queste competenze cognitive è in grado di prendere decisioni informate, risolvere problemi complessi e formulare strategie che orientano l'organizzazione verso i suoi obiettivi a lungo termine.

Intelligenza emotiva

L'intelligenza emotiva (EI) è una competenza cruciale per i leader moderni, poiché riguarda la capacità di riconoscere, comprendere e gestire le proprie emozioni, nonché di percepire e influenzare le emozioni degli altri. Un leader con alta intelligenza emotiva è in grado di costruire e mantenere relazioni positive, affrontare le sfide con resilienza e creare un ambiente di lavoro collaborativo e motivante. In questa sezione, esploreremo i principali aspetti dell'intelligenza emotiva e come questi possono influenzare positivamente la leadership e la gestione del team.

1. Consapevolezza di sé

La consapevolezza di sé è la capacità di riconoscere e comprendere le proprie emozioni e il loro impatto sul proprio comportamento e sulle decisioni. Un leader con alta consapevolezza di sé è in grado di monitorare le proprie reazioni emotive e di comprendere come queste influenzano il proprio lavoro e le interazioni con gli altri.

Elementi della consapevolezza di sé:

- **Riconoscimento delle Emozioni:** Identificare e comprendere le proprie emozioni in diversi contesti.

- **Auto-riflessione:** Riflettere su come le emozioni influenzano il proprio comportamento e le decisioni.

- **Consapevolezza dell'Impatto:** Comprendere come le emozioni personali influenzano le dinamiche del team e l'ambiente di lavoro.

Benefici: Una forte consapevolezza di sé permette ai leader di gestire meglio le proprie reazioni e di mantenere la calma e la lucidità anche in situazioni di stress, migliorando la loro efficacia nella guida e nella gestione.

2. Gestione delle emozioni

La gestione delle emozioni riguarda la capacità di controllare e indirizzare le proprie emozioni in modo costruttivo e appropriato. Questa competenza è fondamentale per mantenere la serenità e la lucidità nelle situazioni difficili e per evitare che le emozioni negative influenzino negativamente le decisioni e le relazioni.

Tecniche per la gestione delle emozioni:

- **Regolazione Emotiva:** Utilizzare strategie come la respirazione profonda, la meditazione o il rilassamento per gestire lo stress e le emozioni intense.

- **Controllo delle Reazioni:** Riconoscere e limitare le reazioni impulsive, adottando un approccio riflessivo e ponderato.

- **Resilienza:** Affrontare le difficoltà e i fallimenti con una mentalità positiva e orientata alla crescita.

Benefici: Una buona gestione delle emozioni consente ai leader di mantenere la calma e la lucidità, di prendere decisioni più equilibrate e di prevenire conflitti e tensioni all'interno del team.

3. Empatia

L'empatia è la capacità di comprendere e condividere i sentimenti degli altri. Un leader empatico è in grado di riconoscere e rispondere alle esigenze emotive dei membri del team, creando un ambiente di lavoro in cui le persone si sentono ascoltate e comprese.

Elementi dell'empatia:

- **Ascolto Attivo:** Prestare attenzione ai segnali emotivi degli altri e rispondere in modo sensibile.

- **Comprensione delle Emozioni:** Riconoscere e comprendere le emozioni e le preoccupazioni degli altri.

- **Supporto Emotivo:** Offrire supporto e incoraggiamento in base alle esigenze emotive dei membri del team.

Benefici: L'empatia migliora la qualità delle relazioni e la comunicazione all'interno del team, favorendo un ambiente di lavoro collaborativo e inclusivo.

4. Abilità sociali

Le abilità sociali sono la capacità di gestire e influenzare le relazioni interpersonali in modo positivo. Queste competenze includono la capacità di comunicare efficacemente, di risolvere conflitti e di costruire relazioni solide e durature.

Componenti delle abilità sociali:

- **Comunicazione Efficace:** Esprimere idee e informazioni in modo chiaro e persuasivo.

- **Gestione dei Conflitti:** Risolvere controversie in modo costruttivo e mantenere relazioni positive anche in situazioni di conflitto.

- **Costruzione di Relazioni:** Stabilire e mantenere relazioni forti e collaborative con i membri del team e altre parti interessate.

Benefici: Le abilità sociali facilitano la creazione di un ambiente di lavoro positivo e produttivo, migliorano la collaborazione e aumentano la soddisfazione e l'impegno dei membri del team.

5. Motivazione intrinseca

La motivazione intrinseca è la capacità di mantenere l'impegno e la passione per il lavoro, basandosi su valori personali e soddisfazione interiore piuttosto che su ricompense esterne. Un leader con alta motivazione intrinseca è in grado di ispirare e motivare il proprio team attraverso l'esempio e la dedizione.

Elementi della motivazione intrinseca:

- **Passione per il Lavoro:** Mostrare entusiasmo e dedizione verso il lavoro e gli obiettivi.

- **Senso di Scopo:** Lavorare verso obiettivi che sono significativi e allineati con i propri valori.

- **Autoefficacia:** Credere nella propria capacità di influenzare gli esiti e di raggiungere gli obiettivi.

Benefici: La motivazione intrinseca aiuta i leader a mantenere alta la propria energia e impegno, influenzando positivamente la motivazione e l'ispirazione del team.

6. Capacità di influenzare gli altri

La capacità di influenzare gli altri implica la capacità di guidare e motivare il team verso gli obiettivi desiderati. Un leader con questa competenza è in grado di utilizzare le proprie abilità comunicative e relazionali per persuadere, ispirare e guidare gli altri.

Strategie per influenzare gli altri:

- **Leadership con l'Esempio:** Mostrare comportamenti e valori che ispirano gli altri a seguirlo.

- **Persuasione:** Utilizzare argomentazioni logiche e emotive per convincere e motivare.

- **Costruzione di Credibilità:** Dimostrare competenza e integrità per guadagnare fiducia e rispetto.

Benefici: La capacità di influenzare gli altri aiuta a guidare il team verso il raggiungimento degli obiettivi e a ottenere il sostegno e l'impegno dei membri del team.

Conclusione

In sintesi, l'intelligenza emotiva di un grande leader comprende la consapevolezza di sé, la gestione delle emozioni, l'empatia, le abilità sociali, la motivazione intrinseca e la capacità di influenzare gli altri. Queste competenze emotive non solo migliorano la capacità di un leader di gestire le proprie emozioni e le relazioni con gli altri, ma anche di creare un ambiente di lavoro positivo e motivante. Un leader con alta intelligenza emotiva è in grado di affrontare le sfide con maggiore resilienza, di costruire relazioni solide e di guidare il team verso il successo.

Parte I: Sviluppare le tue doti di leader

Capitolo 3: Scoprire il tuo potenziale di leadership

Valutare i tuoi punti di forza e di debolezza

"CONOSCI TE STESSO E AVRAI VINTO METÀ DELLA BATTAGLIA." — Sun Tzu

La valutazione dei propri punti di forza e di debolezza è un processo fondamentale per lo sviluppo del potenziale di leadership. Comprendere in profondità quali sono le proprie capacità e aree di miglioramento consente ai leader di orientare i loro sforzi verso il miglioramento continuo e di sfruttare al massimo le loro competenze esistenti. Questo processo non solo aiuta a costruire una leadership più efficace ma anche a creare un piano d'azione mirato per il miglioramento personale e professionale.

1. Importanza della valutazione personale

La valutazione personale è cruciale per un leader poiché offre una base solida su cui costruire e migliorare. Conoscere i propri punti di forza consente di fare leva su di essi per guidare, ispirare e motivare il team, mentre riconoscere le proprie debolezze permette di affrontarle direttamente e di cercare opportunità di sviluppo.

Benefici della valutazione personale:

- **Autoconsapevolezza:** Migliora la comprensione di sé e delle proprie capacità.

- **Ottimizzazione delle Competenze:** Permette di sfruttare i punti di forza in modo strategico.

- **Piano di Sviluppo:** Aiuta a creare un piano mirato per migliorare le aree di debolezza.

2. Metodi per valutare i punti di forza

Esistono diversi metodi per identificare i propri punti di forza. Questi includono:

Auto-riflessione: Prendere tempo per riflettere sulle proprie esperienze, successi e sfide. Analizzare le situazioni in cui si è stati particolarmente efficaci e le competenze utilizzate può rivelare punti di forza chiave.

Feedback degli Altri: Raccogliere feedback dai colleghi, dai superiori e dai membri del team. Le opinioni esterne possono fornire una prospettiva preziosa sui punti di forza che potrebbero non essere immediatamente evidenti.

Strumenti di Valutazione: Utilizzare strumenti di valutazione delle competenze, come test di personalità e di leadership. Questi strumenti possono fornire indicazioni sui punti di forza attraverso un'analisi sistematica delle proprie inclinazioni e capacità.

Successi Precedenti: Analizzare i successi e le realizzazioni passate. I risultati positivi sono spesso indicatori di competenze e punti di forza personali.

Benefici: Identificare i propri punti di forza consente di sfruttare le competenze naturali e le inclinazioni personali per guidare e motivare efficacemente il team.

3. Metodi per valutare le debolezze

La valutazione delle debolezze richiede un approccio onesto e riflessivo. I seguenti metodi possono essere utili:

Auto-riflessione: Esaminare le aree in cui si sono verificati fallimenti o difficoltà. Riflettere su cosa potrebbe essere andato storto e quali competenze o comportamenti potrebbero essere migliorati.

Feedback degli Altri: Chiedere feedback onesto e costruttivo dai colleghi e dai superiori. Le critiche costruttive possono rivelare debolezze che potrebbero non essere evidenti attraverso l'auto-riflessione.

Valutazioni delle Prestazioni: Analizzare le valutazioni delle prestazioni passate. Queste possono fornire indicazioni sulle aree in cui è necessario migliorare e dove si potrebbero avere lacune.

Test e Strumenti di Valutazione: Utilizzare strumenti di valutazione delle competenze per identificare aree di debolezza. Test psicometrici e di competenze possono offrire uno sguardo obiettivo su aspetti da sviluppare.

Benefici: Riconoscere e affrontare le proprie debolezze consente di adottare misure concrete per migliorare le competenze e le aree di crescita, aumentando l'efficacia complessiva come leader.

4. Creazione di un Piano di Sviluppo

Dopo aver identificato i propri punti di forza e di debolezza, il passo successivo è creare un piano di sviluppo mirato. Questo piano dovrebbe includere:

Obiettivi di Sviluppo: Stabilire obiettivi chiari e specifici per migliorare le debolezze e rafforzare i punti di forza. Gli obiettivi dovrebbero essere misurabili e realistici.

Strategie e Risorse: Definire le strategie e le risorse necessarie per raggiungere gli obiettivi. Questo potrebbe includere formazione, coaching, letture, o altre attività di sviluppo personale.

Monitoraggio e Revisione: Stabilire un sistema per monitorare i progressi e fare aggiustamenti al piano di sviluppo se necessario. La revisione periodica consente di valutare i progressi e di adattare il piano alle esigenze emergenti.

Benefici: Un piano di sviluppo strutturato aiuta a focalizzare gli sforzi di miglioramento, a monitorare i progressi e a raggiungere gli obiettivi di crescita personale e professionale.

5. Implementazione e Adattamento

La fase finale è l'implementazione del piano di sviluppo e l'adattamento continuo. Questo implica:

Azioni Concrete: Mettere in pratica le strategie e le attività pianificate. Partecipare a corsi di formazione, richiedere feedback e applicare le nuove competenze sul campo.

Adattamento: Essere flessibili e disposti ad adattare il piano di sviluppo in base ai risultati ottenuti e alle nuove esigenze che emergono. L'evoluzione continua è essenziale per il miglioramento costante.

Benefici: L'implementazione e l'adattamento continuo assicurano che il piano di sviluppo rimanga rilevante e efficace nel tempo, contribuendo a un miglioramento costante delle proprie competenze di leadership.

Conclusione

In sintesi, valutare i propri punti di forza e di debolezza è un passo fondamentale nello sviluppo del potenziale di leadership. Attraverso metodi di auto-riflessione, feedback, e strumenti di valutazione, è possibile ottenere una comprensione approfondita delle proprie competenze e aree di miglioramento. Creare e implementare un piano di sviluppo mirato consente di sfruttare al meglio i punti di forza e di affrontare le debolezze, migliorando così l'efficacia e l'impatto come leader. Questo processo non solo aiuta a crescere come individuo, ma anche a guidare il team verso il successo con maggiore competenza e sicurezza.

Identificare i tuoi valori e la tua visione

"QUANDO I TUOI VALORI SONO CHIARI PER TE, PRENDERE DECISIONI DIVENTA PIÙ FACILE." – Roy E. Disney

Identificare i propri valori e la propria visione è essenziale per lo sviluppo di una leadership autentica e efficace. I valori rappresentano i principi fondamentali che guidano le decisioni e il comportamento di un leader, mentre la visione fornisce una direzione chiara e ispiratrice per il futuro. In questo paragrafo, esploreremo come chiarire e integrare i tuoi valori e la tua visione nel tuo ruolo di leader, e come questi elementi possono influenzare positivamente il tuo percorso e quello del tuo team.

1. L'importanza dei valori

I valori sono i principi guida che riflettono le convinzioni personali e professionali di un leader. Essi influenzano il modo in cui si prende decisioni, si gestiscono le relazioni e si affrontano le sfide. Avere una chiara consapevolezza dei propri valori consente di guidare con integrità e coerenza, creando un ambiente di lavoro basato sulla fiducia e sul rispetto reciproco.

Benefici dei valori chiari:

- **Coerenza e Integrità:** Una guida basata sui valori permette di mantenere la coerenza nelle azioni e nelle decisioni, promuovendo l'integrità personale e professionale.

- **Decisioni Guidate:** I valori aiutano a prendere decisioni che sono allineate con le proprie convinzioni e obiettivi a lungo termine.

- **Cultura del Team:** I valori personali possono influenzare positivamente la cultura del team, promuovendo un ambiente di lavoro che riflette i principi condivisi.

Passi per identificare i propri valori:

- **Riflessione Personale:** Prendere tempo per riflettere su cosa è veramente importante per te. Considerare le esperienze significative e i momenti in cui ti sei sentito più realizzato.

- **Elenco di Valori:** Creare un elenco dei valori che risuonano maggiormente con te. Questi possono includere onestà, rispetto, responsabilità, innovazione, ecc.

- **Prioritizzazione:** Ordinare i valori in base alla loro importanza. Questo aiuta a chiarire quali valori sono fondamentali e devono essere al centro della tua leadership.

2. L'importanza della visione

La visione rappresenta l'immagine ispiratrice del futuro che un leader aspira a raggiungere. Essa fornisce una direzione chiara e un obiettivo a lungo termine, motivando e guidando il team verso un futuro condiviso. Una visione ben definita può stimolare l'impegno e la dedizione del team, contribuendo al raggiungimento degli obiettivi strategici.

Benefici di una visione chiara:

- **Motivazione e Ispirazione:** Una visione ispiratrice motiva il team, stimolando l'entusiasmo e l'impegno verso obiettivi comuni.

- **Direzione e Focus:** Fornisce una direzione chiara, aiutando a mantenere il focus sugli obiettivi a lungo termine e a prendere decisioni strategiche.

- **Allineamento del Team:** Allinea le azioni e gli sforzi del team con la visione comune, promuovendo la coesione e la collaborazione.

Passi per sviluppare una visione:

- **Analisi dei Trend e delle Opportunità:** Considerare le tendenze del settore e le opportunità future. Questo aiuta a creare una visione che è ambiziosa e realistica.

- **Definizione di Obiettivi:** Stabilire obiettivi chiari e specifici che la visione intende raggiungere. Gli obiettivi devono essere misurabili e realistici.

- **Coinvolgimento del Team:** Coinvolgere il team nella definizione della visione. Questo favorisce l'accettazione e l'impegno verso la visione comune.

3. Integrazione dei valori e della visione nella leadership

Integrare i valori e la visione nella propria leadership è essenziale per guidare con autenticità e coerenza. I leader devono essere in grado di tradurre i loro valori e la loro visione in azioni concrete e decisioni quotidiane.

Strategie per l'integrazione:

- **Comunicazione Chiara:** Comunicare i valori e la visione in modo chiaro e coerente al team. Assicurarsi che tutti comprendano e condividano questi principi.

- **Esempio Personale:** Dimostrare i valori attraverso le azioni quotidiane e le decisioni. Essere un esempio vivente di ciò che rappresentano i tuoi valori e la tua visione.

- **Allineamento delle Attività:** Assicurarsi che le attività e le decisioni quotidiane siano allineate con i valori e la visione. Questo aiuta a mantenere la coerenza e a costruire fiducia all'interno del team.

Benefici dell'integrazione:

- **Autenticità:** La coerenza tra valori, visione e azioni personali aumenta l'autenticità e la credibilità come leader.

- **Coesione del Team:** Una visione e valori condivisi rafforzano la coesione del team, migliorando la collaborazione e il morale.

- **Soddisfazione e Realizzazione:** L'allineamento tra valori personali e professionali contribuisce a una maggiore soddisfazione e realizzazione nel ruolo di leader.

4. Esempi di valori e visione nella pratica

Esplorare esempi concreti di come valori e visione possano essere applicati nella pratica aiuta a comprendere meglio l'importanza di questi elementi.

Esempi di valori nella pratica:

- **Trasparenza:** Un leader che valorizza la trasparenza comunica apertamente e onestamente con il team, creando un ambiente di fiducia e apertura.

- **Innovazione:** Un leader che promuove l'innovazione incoraggia la creatività e la sperimentazione, guidando il team verso soluzioni nuove e migliorate.

Esempi di visione nella pratica:

- **Crescita Sostenibile:** Un leader con una visione orientata alla crescita sostenibile guida il team verso obiettivi di lungo termine che bilanciano successo economico e responsabilità ambientale.

- **Eccellenza del Servizio:** Un leader con una visione centrata sull'eccellenza del servizio lavora per offrire il miglior servizio possibile ai clienti, stabilendo standard elevati e promuovendo la qualità.

Benefici: Gli esempi concreti dimostrano come valori e visione possano essere applicati per raggiungere risultati concreti e costruire una leadership efficace e rispettata.

Conclusione

In sintesi, identificare i propri valori e la propria visione è un passo fondamentale per sviluppare un potenziale di leadership autentico e influente. I valori guidano le decisioni e le azioni quotidiane, mentre la visione fornisce una direzione chiara e ispiratrice per il futuro. Integrare questi elementi nella propria leadership consente di guidare con coerenza, motivare il team e raggiungere obiettivi ambiziosi. Attraverso una comunicazione chiara e l'allineamento delle attività, i leader possono costruire un ambiente di lavoro basato su principi condivisi e orientato al successo.

Stabilire i tuoi obiettivi di leadership

"LE PERSONE CON OBIETTIVI HANNO SUCCESSO PERCHÉ SANNO DOVE STANNO ANDANDO." – Earl Nightingale

Stabilire obiettivi di leadership è un processo cruciale che fornisce direzione, motivazione e misurabilità al proprio sviluppo come leader. Gli obiettivi ben definiti non solo aiutano a guidare la propria crescita personale ma anche a influenzare positivamente il team e l'organizzazione. In questo paragrafo, esploreremo come definire e strutturare obiettivi di leadership efficaci, le migliori pratiche per il loro raggiungimento e come monitorare e adattare questi obiettivi nel tempo.

1. L'importanza di stabilire obiettivi di leadership

Gli obiettivi di leadership forniscono una chiara direzione e un senso di scopo nel percorso di crescita. Stabilire obiettivi aiuta a concentrarsi su ciò che è importante, a mantenere alta la motivazione e a misurare i progressi nel tempo. Senza obiettivi ben definiti, è facile perdere la direzione e non riuscire a raggiungere il pieno potenziale come leader.

Benefici degli obiettivi di leadership:

- **Chiarezza e Direzione:** Gli obiettivi offrono una direzione chiara, guidando le azioni quotidiane e le decisioni strategiche.

- **Motivazione e Impegno:** Definire obiettivi stimola la motivazione e l'impegno, mantenendo alta l'energia e il focus.

- **Misurabilità e Successo:** Gli obiettivi forniscono criteri misurabili per valutare il successo e i progressi, facilitando l'auto-riflessione e la crescita continua.

2. Definire obiettivi SMART

Per garantire che gli obiettivi di leadership siano efficaci, è utile applicare il criterio SMART, un acronimo che rappresenta Specifici, Misurabili, Achievable (Raggiungibili), Rilevanti e Temporizzati.

Specifici: Gli obiettivi devono essere chiari e ben definiti. Ad esempio, invece di "migliorare le competenze comunicative", un obiettivo specifico potrebbe essere "partecipare a un corso di public speaking e tenere almeno tre presentazioni pubbliche entro sei mesi".

Misurabili: Gli obiettivi devono essere quantificabili. È importante poter misurare i progressi e il raggiungimento dell'obiettivo. Ad esempio, "aumentare la soddisfazione del team del 20% nei prossimi sei mesi" è misurabile rispetto a "migliorare il morale del team".

Achievable (Raggiungibili): Gli obiettivi devono essere realistici e raggiungibili, tenendo conto delle risorse disponibili e delle circostanze. Un obiettivo troppo ambizioso potrebbe demotivare, mentre uno troppo semplice potrebbe non stimolare il miglioramento.

Rilevanti: Gli obiettivi devono essere pertinenti al ruolo di leadership e all'area di sviluppo personale. Devono allinearsi con la visione e i valori personali e professionali. Ad esempio, se la tua visione è quella di diventare un leader innovativo, un obiettivo rilevante potrebbe essere "introdurre due nuove iniziative innovative nel prossimo anno".

Temporizzati: Gli obiettivi devono avere una scadenza chiara. Stabilire un termine per il raggiungimento dell'obiettivo aiuta a mantenere il focus e a creare un senso di urgenza. Ad esempio, "completare la formazione in gestione del tempo entro tre mesi" offre una scadenza chiara.

3. Stabilire obiettivi a breve e lungo termine

È importante bilanciare gli obiettivi a breve termine con quelli a lungo termine per un progresso sostenibile e continuo. Gli obiettivi a breve termine tendono a concentrarsi su compiti immediati e possono servire come tappe intermedie nel percorso verso obiettivi più ampi.

Obiettivi a breve termine:

- **Definizione:** Gli obiettivi a breve termine si focalizzano su azioni e risultati che possono essere raggiunti in un periodo relativamente breve, come settimane o mesi.

- **Esempi:** "Completare un corso di formazione sulla gestione dei conflitti entro il prossimo mese" o "partecipare a una riunione di feedback settimanale con il team per migliorare la comunicazione".

Obiettivi a lungo termine:

- **Definizione:** Gli obiettivi a lungo termine riguardano traguardi che richiedono più tempo per essere raggiunti, come anni. Questi obiettivi sono spesso più ambiziosi e strategici.

- **Esempi:** "Diventare un leader di pensiero nel settore attraverso la pubblicazione di articoli e la partecipazione a conferenze nel prossimo anno" o "guidare una ristrutturazione strategica dell'organizzazione entro i prossimi cinque anni".

Benefici del bilanciamento: Stabilire sia obiettivi a breve che a lungo termine consente di mantenere alta la motivazione e di monitorare i progressi in modo incrementale, costruendo una base solida per il raggiungimento degli obiettivi più ampi e complessi.

4. Creazione di un piano d'azione

Per raggiungere gli obiettivi di leadership, è fondamentale creare un piano d'azione dettagliato. Questo piano deve delineare le azioni specifiche necessarie per raggiungere ciascun obiettivo, stabilendo le risorse e i tempi richiesti.

Elementi del piano d'azione:

- **Passaggi Specifici:** Identificare le azioni concrete che devono essere intraprese per raggiungere l'obiettivo. Ad esempio, per migliorare le capacità di leadership, il piano potrebbe includere la partecipazione a workshop di leadership e l'implementazione di tecniche di leadership apprese.

- **Risorse Necessarie:** Determinare le risorse, come formazione, tempo e supporto, necessari per completare le azioni. Questo può includere la ricerca di corsi di formazione, la pianificazione di sessioni di coaching, o l'allocazione di tempo per lo sviluppo personale.

- **Scadenze e Monitoraggio:** Stabilire scadenze per ogni passaggio e un sistema per monitorare i progressi. Questo aiuta a mantenere il focus e a fare aggiustamenti se necessario. Utilizzare strumenti di monitoraggio come fogli di calcolo o applicazioni di gestione dei progetti può facilitare questo processo.

Benefici del piano d'azione: Un piano d'azione ben strutturato guida il progresso verso gli obiettivi, offre chiarezza sulle azioni da intraprendere e facilita il monitoraggio e la valutazione dei risultati.

5. Monitoraggio e adattamento degli obiettivi

Il monitoraggio regolare dei progressi e l'adattamento degli obiettivi sono essenziali per assicurare che il piano di leadership rimanga rilevante e realizzabile. La revisione periodica consente di valutare i risultati ottenuti, identificare le sfide e fare aggiustamenti se necessario.

Strategie di monitoraggio:

- **Revisione Periodica:** Programmare incontri regolari per rivedere i progressi verso gli obiettivi. Questo può includere incontri mensili o trimestrali per valutare i risultati e fare il punto della situazione.

- **Feedback e Riflessività:** Raccogliere feedback dagli altri e riflettere sui risultati ottenuti. Il feedback esterno può offrire nuove prospettive e suggerimenti per migliorare.

- **Aggiustamenti:** Essere pronti a modificare gli obiettivi e il piano d'azione in base ai progressi e ai cambiamenti nelle circostanze. Gli obiettivi devono rimanere flessibili per adattarsi a nuove opportunità o sfide.

Benefici del monitoraggio e dell'adattamento: Queste pratiche assicurano che gli obiettivi rimangano pertinenti e raggiungibili, migliorando l'efficacia del piano di leadership e facilitando il raggiungimento del successo.

Conclusione

In sintesi, stabilire obiettivi di leadership chiari e ben definiti è fondamentale per guidare e motivare il proprio percorso di crescita. Utilizzare il criterio SMART per definire gli obiettivi, bilanciare obiettivi a breve e lungo termine, e creare un piano d'azione dettagliato sono passi cruciali per il successo. Monitorare regolarmente i progressi e adattare gli obiettivi consente di mantenere il focus e di rispondere alle sfide emergenti. Attraverso una pianificazione strategica e una valutazione continua, è possibile raggiungere gli obiettivi di leadership e realizzare il pieno potenziale come leader.

Capitolo 4: Costruire la tua autostima e la tua fiducia in te stesso

Superare le convinzioni limitanti

"L'UNICA COSA CHE SI FRAPPONE TRA TE E IL TUO OBIETTIVO È LA STORIA CHE CONTINUI A RACCONTARTI SU PERCHÉ NON PUOI RAGGIUNGERLO." – Jordan Belfort

Le convinzioni limitanti sono idee e credenze profonde che possono influenzare negativamente il nostro comportamento, le nostre decisioni e la nostra capacità di raggiungere il successo. Queste convinzioni spesso nascono da esperienze passate, influenze culturali o messaggi ricevuti durante l'infanzia. Anche se possono sembrare verità assolute, le convinzioni limitanti sono, in realtà, costrutti mentali che possono essere sfidati e modificati. Superare queste barriere mentali è fondamentale per sviluppare una solida autostima e una fiducia in se stessi necessarie per diventare un leader efficace.

1. Identificare le convinzioni limitanti

Il primo passo per superare le convinzioni limitanti è identificarle. Queste credenze si manifestano spesso come pensieri negativi ricorrenti o auto-dichiarazioni che minano la fiducia in se stessi. Esempi comuni includono frasi come "Non sono abbastanza bravo", "Non posso farcela" o "Non merito il successo". Queste convinzioni possono riguardare la propria capacità di leadership, la competenza professionale o persino la capacità di relazionarsi con gli altri.

Strategie per identificare le convinzioni limitanti:

- **Auto-riflessione:** Dedica del tempo a riflettere su pensieri e comportamenti ricorrenti. Chiediti quali idee negative emergono quando affronti sfide o nuove opportunità.

- **Diario dei pensieri:** Tenere un diario può aiutarti a tracciare i tuoi pensieri e identificare modelli di auto-sabotaggio. Scrivere le tue riflessioni quotidiane può portare alla luce convinzioni limitanti nascoste.

- **Feedback dagli altri:** Chiedi a persone di fiducia di darti feedback. A volte, le persone intorno a noi possono notare convinzioni limitanti che noi stessi ignoriamo.

Risultati dell'identificazione: Una volta identificati, è possibile iniziare a lavorare su queste convinzioni, mettendo in discussione la loro validità e l'impatto che hanno sulla tua vita.

2. Sfida le tue convinzioni limitanti

Una volta identificate, le convinzioni limitanti devono essere sfidate. Questo processo implica l'esame critico di queste credenze per determinarne la veridicità e la rilevanza. Spesso, le convinzioni limitanti non sono basate su fatti, ma su percezioni distorte della realtà.

Domande per sfidare le convinzioni limitanti:

- **Qual è l'evidenza a supporto di questa convinzione?** Esamina se ci sono prove concrete che sostengono la tua convinzione limitante.

Spesso, scoprirai che le prove sono scarse o inesistenti.

- **Questa convinzione è basata su fatti o su emozioni?** Le emozioni possono distorcere la nostra percezione della realtà. Cerca di separare i fatti dalle emozioni che accompagnano le tue convinzioni.

- **Esistono alternative?** Considera altre spiegazioni o interpretazioni. Chiediti se c'è un altro modo di vedere la situazione che potrebbe essere più positivo o costruttivo.

- **Come influirebbe questa convinzione se fosse falsa?** Immagina come cambierebbe la tua vita se la convinzione limitante non fosse vera. Questo può aiutarti a ridimensionare il suo impatto su di te.

Sfidare con successo: Sfida attivamente le convinzioni limitanti con un approccio logico e razionale. Questo processo ti permetterà di vedere le cose in modo più oggettivo e di iniziare a sostituire le convinzioni negative con altre più positive e potenzianti.

3. Sostituire le convinzioni limitanti con affermazioni potenzianti

Dopo aver sfidato e smantellato le convinzioni limitanti, è essenziale sostituirle con affermazioni potenzianti. Le affermazioni potenzianti sono pensieri positivi che promuovono la fiducia, l'autoefficacia e l'autostima. Ripetute con regolarità, queste affermazioni possono ridefinire il tuo dialogo interiore e influenzare positivamente il tuo comportamento e le tue decisioni.

Creazione di affermazioni potenzianti:

- **Sii specifico e positivo:** Formula affermazioni in modo specifico e positivo. Ad esempio, sostituisci "Non sono bravo a parlare in pubblico" con "Sono un comunicatore efficace e miglioro ogni volta che parlo in pubblico".

- **Usa il tempo presente:** Le affermazioni dovrebbero essere al presente per ancorare il pensiero nel qui e ora. Ad esempio, "Sono un leader capace" è più potente di "Sarò un leader capace".

- **Ripetizione quotidiana:** Integra le affermazioni nella tua routine quotidiana. Ripetile ogni mattina o ogni volta che emergono pensieri negativi.

Risultati delle affermazioni potenzianti: Con il tempo, queste affermazioni possono sostituire le vecchie convinzioni limitanti, trasformando il tuo approccio mentale da negativo a positivo. Questo cambiamento non solo aumenta l'autostima ma migliora anche la capacità di affrontare le sfide con una mentalità più costruttiva e orientata al successo.

4. Coltivare un ambiente di supporto

Superare le convinzioni limitanti richiede spesso il supporto di un ambiente che incoraggi il pensiero positivo e la crescita personale. Circondarsi di persone che credono in te e che ti sostengono può fare una grande differenza nella tua capacità di superare le barriere mentali.

Elementi di un ambiente di supporto:

- **Relazioni positive:** Coltiva relazioni con persone che condividono i tuoi valori e che ti incoraggiano a crescere. Queste persone possono offrire feedback costruttivo, incoraggiamento e ispirazione.

- **Mentori e coach:** Un mentore o un coach può aiutarti a identificare e superare le convinzioni limitanti. Offrono una prospettiva esterna e possono fornire strumenti e strategie per affrontare le sfide.

- **Risorse di auto-aiuto:** Libri, podcast e seminari di sviluppo personale possono essere risorse preziose per alimentare la tua crescita e aiutarti a mantenere una mentalità positiva.

Impatto dell'ambiente: Un ambiente di supporto crea le condizioni ideali per il cambiamento positivo. Quando sei circondato da persone che credono in te e ti sostengono, diventa più facile superare le convinzioni limitanti e sviluppare una maggiore fiducia in te stesso.

5. Azione consapevole e continua

Superare le convinzioni limitanti è un processo continuo che richiede azione consapevole e impegno costante. La trasformazione delle credenze negative in positive non avviene dall'oggi al domani, ma attraverso pratiche quotidiane e una mentalità orientata al cambiamento.

Azioni per il cambiamento continuo:

- **Pratica la consapevolezza:** Essere consapevoli dei tuoi pensieri e del tuo dialogo interiore ti aiuta a riconoscere immediatamente quando emergono convinzioni limitanti. La consapevolezza ti permette di agire in modo proattivo.

- **Implementa il cambiamento:** Metti in pratica le nuove convinzioni potenzianti nelle tue attività quotidiane. Ad esempio, se hai sostituito "Non sono abbastanza bravo per questo lavoro" con "Ho le competenze necessarie per avere successo", cerca di affrontare le tue attività con questa nuova convinzione.

- **Celebra i progressi:** Riconosci e celebra i piccoli e grandi progressi nel superamento delle convinzioni limitanti. Ogni passo avanti è una vittoria che rafforza la tua fiducia in te stesso.

Benefici dell'azione continua: Impegnarsi costantemente a sostituire le convinzioni limitanti con pensieri e comportamenti positivi porta a una crescita personale significativa. Con il tempo, questo processo trasforma non solo la tua autostima e fiducia in te stesso, ma anche la tua capacità di leadership.

Conclusione

Superare le convinzioni limitanti è un passo cruciale per costruire una solida autostima e sviluppare la fiducia in se stessi necessaria per essere un leader efficace. Identificando e sfidando queste credenze, sostituendole con affermazioni potenzianti e coltivando un ambiente di supporto, puoi trasformare il tuo dialogo interiore e rafforzare la tua resilienza. Attraverso azioni consapevoli e continue, puoi superare le barriere mentali che ti trattengono, aprendo la strada a un futuro di successo e realizzazione personale.

Sviluppare un atteggiamento positivo

"LA TUA ATTITUDINE, NON LA TUA ABILITÀ, DETERMINERÀ LA TUA ALTITUDINE." – Zig Ziglar

Un atteggiamento positivo è una delle risorse più potenti che un leader può coltivare. Non solo influisce sul benessere personale e sulla capacità di gestire lo stress, ma ha anche un impatto significativo sull'ambiente di lavoro e sulle persone che ti circondano. Sviluppare un atteggiamento positivo non significa ignorare le difficoltà o evitare le sfide, ma piuttosto adottare una mentalità che ti permetta di affrontare ogni situazione con resilienza, ottimismo e determinazione.

1. Comprendere l'importanza dell'atteggiamento positivo

Il modo in cui percepiamo e affrontiamo le situazioni è fortemente influenzato dal nostro atteggiamento. Un leader con un atteggiamento positivo è in grado di vedere opportunità dove altri vedono solo ostacoli, di ispirare fiducia e motivazione nei propri collaboratori, e di mantenere un alto livello di energia anche nei momenti di difficoltà. Questo non solo aiuta a mantenere un clima di lavoro sereno e produttivo, ma favorisce anche una cultura organizzativa improntata alla crescita e al miglioramento continuo.

Benefici di un atteggiamento positivo:

- **Migliore gestione dello stress:** Un atteggiamento positivo aiuta a ridurre l'impatto negativo dello stress, permettendo di affrontare le situazioni difficili con maggiore calma e lucidità.

- **Aumento della resilienza:** Essere positivi consente di riprendersi più rapidamente dalle avversità, vedendo ogni ostacolo come un'opportunità di crescita.

- **Influenza positiva sugli altri:** Un leader positivo è in grado di elevare il morale del team, incoraggiando una maggiore collaborazione e un miglior rendimento.

2. Coltivare la gratitudine

La gratitudine è un potente antidoto al pessimismo e uno strumento efficace per sviluppare un atteggiamento positivo. Essere grati per ciò che si ha, per le esperienze vissute e per le persone che ci circondano aiuta a spostare l'attenzione dagli aspetti negativi della vita a quelli positivi. Questa pratica quotidiana non solo migliora il benessere emotivo, ma rafforza anche le relazioni interpersonali e favorisce un ambiente di lavoro più armonioso.

Pratiche per coltivare la gratitudine:

- **Diario della gratitudine:** Dedica qualche minuto ogni giorno a scrivere tre cose per cui sei grato. Questo semplice esercizio può cambiare radicalmente la tua prospettiva nel tempo.

- **Esprimere apprezzamento:** Prenditi il tempo per ringraziare le persone intorno a te per il loro contributo e supporto. Questo non solo migliora il tuo atteggiamento, ma rafforza anche le relazioni.

- **Riflessione quotidiana:** Al termine della giornata, rifletti su cosa è andato bene e su cosa hai imparato. Anche nei giorni difficili, c'è sempre qualcosa di positivo su cui concentrarsi.

Impatto della gratitudine: La gratitudine trasforma la percezione della realtà, spostando l'attenzione dai problemi alle soluzioni, dalle mancanze alle abbondanze. Questo cambio di prospettiva è fondamentale per mantenere un atteggiamento positivo.

3. Sviluppare un dialogo interiore positivo

Il dialogo interiore, ovvero la conversazione che abbiamo con noi stessi, gioca un ruolo cruciale nel plasmare il nostro atteggiamento. Spesso, senza rendercene conto, possiamo essere i nostri peggiori critici, alimentando dubbi e insicurezze. Per sviluppare un atteggiamento positivo, è essenziale monitorare e trasformare questo dialogo in modo che diventi fonte di incoraggiamento e motivazione.

Strategie per un dialogo interiore positivo:

- **Riconoscere i pensieri negativi:** Essere consapevoli dei momenti in cui emergono pensieri negativi è il primo passo per cambiarli. Quando noti un pensiero negativo, fermati e chiediti se è davvero utile o se può essere riformulato in modo più costruttivo.

- **Affermazioni positive:** Sostituisci i pensieri negativi con affermazioni positive che riflettano le tue capacità, i tuoi successi e i tuoi obiettivi. Ad esempio, invece di pensare "Non sono in grado di farlo", prova a dire "Posso affrontare questa sfida e imparare da essa".

- **Visualizzazioni positive:** Immagina te stesso mentre superi ostacoli, raggiungi obiettivi e affronti situazioni difficili con successo. Le visualizzazioni possono rafforzare la tua fiducia e migliorare il tuo atteggiamento.

Risultati del dialogo positivo: Un dialogo interiore positivo alimenta la fiducia in se stessi e rafforza la resilienza. Quando affronti le sfide con un atteggiamento positivo, sei più propenso a trovare soluzioni creative e a mantenere la motivazione anche in situazioni complesse.

4. Circondarsi di persone positive

Le persone con cui scegli di passare il tuo tempo hanno un'influenza significativa sul tuo atteggiamento. Circondarsi di individui positivi, che ti sostengono e ti ispirano, può fare una grande differenza nella tua capacità di mantenere un atteggiamento positivo. D'altro canto, le persone negative possono drenare la tua energia e minare la tua fiducia.

Costruire un circolo sociale positivo:

- **Relazioni di supporto:** Coltiva relazioni con persone che condividono i tuoi valori e obiettivi, e che ti incoraggiano a crescere e migliorare. Queste relazioni possono fornirti il supporto emotivo necessario nei momenti difficili.

- **Limitare le influenze negative:** Riduci il tempo trascorso con persone che hanno un atteggiamento costantemente negativo o che criticano senza offrire soluzioni. Proteggere il tuo spazio mentale da queste influenze è essenziale per mantenere un atteggiamento positivo.

- **Partecipare a comunità positive:** Unisciti a gruppi o associazioni che promuovono la crescita personale e professionale. Partecipare a discussioni e attività con persone che hanno una mentalità simile alla tua può essere una fonte inesauribile di ispirazione.

Effetti di un circolo sociale positivo: Quando ti circondi di persone che ti elevano, ti trovi in un ambiente che facilita il mantenimento di un atteggiamento positivo. Queste relazioni ti offrono supporto, prospettive nuove e una rete di sicurezza che ti aiuta a mantenere alta la motivazione.

5. Adottare un approccio proattivo ai problemi

Un atteggiamento positivo si manifesta anche nella capacità di affrontare i problemi in modo proattivo, piuttosto che reattivo. Invece di vedere i problemi come ostacoli insormontabili, un leader con un atteggiamento positivo li considera sfide da superare. Questo approccio non solo riduce lo stress, ma promuove anche l'innovazione e la creatività.

Strategie per un approccio proattivo:

- **Focus sulle soluzioni:** Quando si presenta un problema, concentrati immediatamente su come risolverlo, piuttosto che sul perché è successo. Questo sposta l'attenzione dall'analisi eccessiva alla ricerca di soluzioni concrete.

- **Pianificazione e preparazione:** Anticipa i problemi potenziali pianificando in anticipo. Essere preparati ti consente di affrontare le sfide con maggiore sicurezza e meno ansia.

- **Mantenere la calma:** In situazioni di crisi, mantieni la calma e ricorda a te stesso che ogni problema ha una soluzione. La calma interiore è il primo passo verso la risoluzione efficace dei problemi.

Risultati dell'approccio proattivo: Adottare un atteggiamento positivo verso i problemi ti permette di affrontarli con una mentalità aperta e creativa. Questo non solo migliora la tua capacità di risolvere i problemi, ma rafforza anche la fiducia del team nella tua leadership.

6. Praticare il benessere fisico ed emotivo

Il benessere fisico ed emotivo è strettamente legato al mantenimento di un atteggiamento positivo. Prendersi cura di sé, sia a livello fisico che emotivo, è essenziale per mantenere alta l'energia e la motivazione necessarie per affrontare le sfide quotidiane.

Pratiche di benessere:

- **Attività fisica regolare:** L'esercizio fisico non solo migliora la salute fisica, ma ha anche un impatto significativo sull'umore e sulla capacità di gestire lo stress. Anche una semplice passeggiata può fare una grande differenza nel migliorare il tuo atteggiamento.

- **Alimentazione equilibrata:** Una dieta equilibrata fornisce l'energia necessaria per affrontare la giornata con vitalità e positività. Evita cibi che possono causare sbalzi di energia o influenzare negativamente il tuo umore.

- **Pratiche di mindfulness:** La meditazione e altre pratiche di mindfulness possono aiutarti a rimanere concentrato e positivo. Queste pratiche promuovono la consapevolezza e ti aiutano a gestire meglio le emozioni negative.

Benefici del benessere: Prendersi cura del proprio benessere fisico ed emotivo crea le basi per un atteggiamento positivo duraturo. Quando ti senti bene, sia fisicamente che mentalmente, sei meglio equipaggiato per affrontare le sfide con ottimismo e resilienza.

7. Imparare dalle esperienze

Infine, un atteggiamento positivo implica anche la capacità di vedere ogni esperienza, positiva o negativa, come un'opportunità di apprendimento. Invece di concentrarsi sulle sconfitte, un leader positivo riflette sulle lezioni apprese e usa queste conoscenze per migliorare se stesso e il proprio approccio alla leadership.

Approccio all'apprendimento continuo:

- **Riflessione post-evento:** Dopo ogni evento significativo, sia esso un successo o un fallimento, prenditi il tempo per riflettere su ciò che hai imparato. Cosa ha funzionato bene? Cosa poteva essere fatto diversamente?

- **Feedback costruttivo:** Cerca attivamente feedback dagli altri e usalo come uno strumento di crescita. Il feedback ti offre una prospettiva esterna e può evidenziare aree di miglioramento che potresti non aver notato.

- **Mentalità di crescita:** Adotta una mentalità di crescita, credendo che ogni situazione, anche le più difficili, possa contribuire al tuo sviluppo personale e professionale.

Impatto dell'apprendimento: Vedere le esperienze come opportunità di apprendimento trasforma gli ostacoli in trampolini di lancio verso il successo. Questa mentalità non solo mantiene il tuo atteggiamento positivo, ma ti prepara anche a diventare un leader sempre più competente e resiliente.

Imparare dai tuoi fallimenti

"IL FALLIMENTO È SEMPLICEMENTE L'OPPORTUNITÀ DI RICOMINCIARE, QUESTA VOLTA IN MODO PIÙ INTELLIGENTE." – Henry Ford

Il fallimento è un'esperienza inevitabile e, spesso, un aspetto fondamentale del processo di crescita personale e professionale. Per un leader, imparare dai propri fallimenti non è solo una necessità, ma una vera e propria opportunità di sviluppo. Accettare e analizzare i propri errori con onestà permette di trarre lezioni preziose che possono migliorare le competenze di leadership e rafforzare la resilienza. In questo paragrafo, esploreremo l'importanza del fallimento come strumento di apprendimento, le strategie per trarne il massimo beneficio e come trasformare le sconfitte in trampolini di lancio verso il successo.

1. Riconoscere il valore del fallimento

Il primo passo per imparare dai fallimenti è riconoscerne il valore. Spesso, la società vede il fallimento come qualcosa da evitare a tutti i costi, ma i leader efficaci sanno che gli errori sono parte integrante del cammino verso il successo. Ogni fallimento offre una lezione unica che può insegnarci qualcosa di nuovo su noi stessi, sulle nostre capacità e sulle nostre strategie.

Perché il fallimento è prezioso:

- **Opportunità di apprendimento:** Il fallimento fornisce informazioni cruciali su ciò che non funziona e perché. Queste informazioni possono essere utilizzate per migliorare strategie, processi e decisioni future.

- **Rafforzamento della resilienza:** Superare i fallimenti rafforza la capacità di affrontare le difficoltà. Ogni volta che ci si rialza dopo una caduta, si diventa più forti e più preparati a gestire le sfide future.

- **Incoraggiamento all'innovazione:** Sapere che il fallimento è accettabile e parte del processo può incoraggiare i leader e i loro team a prendere rischi calcolati e a sperimentare nuove idee, senza il timore di sbagliare.

2. Analizzare il fallimento con obiettività

Per trarre insegnamenti da un fallimento, è fondamentale analizzarlo con obiettività. Questo significa esaminare i fatti senza lasciarsi sopraffare dalle emozioni negative come la vergogna o la frustrazione. Un'analisi accurata permette di identificare le cause principali dell'errore e di capire cosa si sarebbe potuto fare diversamente.

Passaggi per un'analisi efficace del fallimento:

- **Raccogliere i fatti:** Prima di trarre conclusioni, raccogli tutte le informazioni rilevanti. Cosa è successo esattamente? Quali erano le circostanze? Chi era coinvolto?

- **Identificare gli errori:** Una volta che hai un quadro chiaro della situazione, individua gli errori specifici che hanno portato al fallimento. Questo potrebbe includere decisioni sbagliate, mancanza di preparazione, o cattiva comunicazione.

- **Evitare il bias del senno di poi:** È facile essere critici con il senno di poi, ma è importante ricordare che le decisioni sono state prese con le informazioni disponibili in quel momento. L'obiettivo è imparare, non punire.

L'importanza della trasparenza: Essere trasparenti con se stessi e, quando appropriato, con il team riguardo ai fallimenti, favorisce una cultura dell'apprendimento e della crescita. I leader che ammettono i propri errori senza cercare scuse dimostrano integrità e guadagnano il rispetto dei loro collaboratori.

3. Sviluppare una mentalità di crescita

Una delle chiavi per imparare dai fallimenti è adottare una mentalità di crescita, ovvero la convinzione che le abilità e le competenze possano essere sviluppate attraverso l'impegno e l'apprendimento continuo. Questo tipo di mentalità aiuta a vedere i fallimenti non come riflessi permanenti delle proprie capacità, ma come momenti di apprendimento e crescita.

Caratteristiche della mentalità di crescita:

- **Accettare le sfide:** Invece di evitare situazioni difficili per paura di fallire, chi ha una mentalità di crescita vede le sfide come opportunità per migliorarsi.

- **Persistere di fronte alle difficoltà:** I fallimenti non sono la fine del percorso, ma piuttosto tappe intermedie. La persistenza è fondamentale per trasformare le sconfitte in successi.

- **Apprendere dalle critiche:** Le critiche costruttive sono una fonte preziosa di feedback. Anziché respingerle, chi ha una mentalità di crescita le accoglie come occasioni per migliorare.

Risultati della mentalità di crescita: Adottare questo approccio ti permette di mantenere la motivazione anche nei momenti difficili, di trasformare i fallimenti in esperienze di apprendimento e di continuare a progredire nel tuo percorso di leadership.

4. Sviluppare strategie per superare il fallimento

Superare un fallimento richiede strategie concrete. Dopo aver analizzato l'errore e compreso le lezioni apprese, è essenziale mettere in atto un piano d'azione che permetta di evitare lo stesso errore in futuro e di migliorare le proprie competenze.

Strategie per superare il fallimento:

- **Pianificare la ripresa:** Dopo un fallimento, definisci chiaramente i passi successivi per rimediare alla situazione e per riprendere il cammino verso i tuoi obiettivi. Questo potrebbe includere la revisione delle strategie, la formazione aggiuntiva o il ricalibrare le aspettative.

- **Rafforzare la comunicazione:** Spesso, i fallimenti sono il risultato di malintesi o di una comunicazione inefficace. Migliorare la chiarezza e la trasparenza delle comunicazioni può prevenire errori futuri.

- **Investire nello sviluppo personale:** Usa il fallimento come un'opportunità per identificare le aree in cui è necessario crescere. Che si tratti di migliorare le capacità decisionali, di leadership o tecniche, investire nello sviluppo personale ti aiuterà a trasformare i fallimenti in successi futuri.

Il ruolo della perseveranza: La perseveranza è una qualità essenziale per superare i fallimenti. Non importa quante volte cadi, ciò che conta è la tua capacità di rialzarti e di continuare a progredire.

5. Creare una cultura del fallimento positivo

Un leader non solo deve imparare dai propri fallimenti, ma anche incoraggiare il proprio team a fare lo stesso. Creare una cultura del fallimento positivo significa promuovere un ambiente in cui gli errori sono visti come opportunità di apprendimento e non come qualcosa da temere o da nascondere.

Elementi di una cultura del fallimento positivo:

- **Accettazione degli errori:** In un ambiente di lavoro che valorizza l'apprendimento, gli errori non vengono puniti, ma analizzati in modo costruttivo per trarne insegnamenti.

- **Condivisione delle esperienze:** Incoraggia i membri del team a condividere i loro errori e le lezioni apprese. Questo non solo aiuta a prevenire errori simili in futuro, ma rafforza anche il senso di collaborazione e trasparenza.

- **Promozione dell'innovazione:** Una cultura che accetta il fallimento favorisce l'innovazione, poiché i membri del team si sentono liberi di sperimentare senza paura di ripercussioni.

Vantaggi della cultura del fallimento positivo: Creare un ambiente in cui i fallimenti sono visti come parte del processo di crescita promuove l'innovazione, la creatività e il miglioramento continuo. I membri del team sono più propensi a prendere rischi calcolati e a cercare soluzioni innovative, sapendo che anche se dovessero fallire, avranno il supporto del leader e dell'organizzazione.

6. Esempi di fallimenti trasformati in successi

Molti dei leader più rispettati e di successo hanno attraversato fallimenti significativi prima di raggiungere il loro pieno potenziale. Studiare questi esempi può fornire ispirazione e dimostrare che i fallimenti non sono la fine del percorso, ma piuttosto passi importanti verso il successo.

Esempi noti di fallimenti trasformati in successi:

- **Steve Jobs:** Il co-fondatore di Apple fu estromesso dalla sua stessa azienda nel 1985, ma questo fallimento lo spinse a fondare NeXT e a investire in Pixar, due esperienze che arricchirono la sua visione e contribuirono al suo ritorno trionfale in Apple.

- **J.K. Rowling:** Prima di diventare una delle autrici più vendute al mondo con la serie di Harry Potter, J.K. Rowling affrontò numerosi rifiuti da parte degli editori. La sua perseveranza, nonostante i fallimenti iniziali, è un esempio di come la determinazione possa trasformare una situazione difficile in un successo straordinario.

- **Thomas Edison:** L'inventore della lampadina elettrica brevettò migliaia di invenzioni, molte delle quali non ebbero successo. Tuttavia, ogni fallimento lo avvicinò di più alla scoperta rivoluzionaria che cambiò il mondo.

Lezioni da questi esempi: Questi leader hanno dimostrato che i fallimenti possono essere i mattoni su cui costruire un futuro di successo. La loro capacità di apprendere dai propri errori e di persistere nonostante le difficoltà è ciò che li ha portati a raggiungere grandi traguardi.

Capitolo 5: Sviluppare le tue capacità di comunicazione

Comunicazione efficace

"LA CHIAREZZA È IL CONTATTO." – Roy T. Bennett

La comunicazione è uno degli strumenti più potenti a disposizione di un leader. La capacità di esprimere idee, motivare un team e costruire relazioni solide si basa interamente sulla qualità della comunicazione. In questo paragrafo, esploreremo l'importanza della comunicazione efficace, le sue componenti fondamentali, e le strategie che i leader possono adottare per migliorare questa abilità cruciale.

1. Il ruolo della comunicazione nella leadership

La comunicazione efficace è al cuore di ogni interazione di leadership. Un leader deve essere in grado di trasmettere chiaramente la visione, le aspettative e gli obiettivi al team. Inoltre, una comunicazione aperta e onesta crea fiducia, che è essenziale per il successo di qualsiasi squadra.

Perché la comunicazione è cruciale nella leadership:

- **Trasmissione della visione:** Un leader deve essere capace di comunicare una visione chiara e convincente. Senza una comunicazione efficace, anche la visione più brillante può rimanere inascoltata e incompresa.

- **Motivazione del team:** Attraverso una comunicazione motivante, un leader può ispirare il team, mantenendo alta la morale e l'entusiasmo anche nei momenti difficili.

- **Costruzione della fiducia:** La fiducia si basa su una comunicazione trasparente e coerente. I leader che comunicano in modo aperto e onesto guadagnano la fiducia e il rispetto dei loro collaboratori.

2. Gli elementi fondamentali della comunicazione efficace

Per comunicare in modo efficace, è necessario comprendere e padroneggiare i diversi elementi che costituiscono il processo comunicativo. Questi includono la chiarezza del messaggio, l'ascolto attivo, l'empatia e la capacità di adattare il proprio stile di comunicazione al pubblico di riferimento.

Componenti chiave della comunicazione efficace:

- **Chiarezza:** Il messaggio deve essere chiaro e privo di ambiguità. Questo significa scegliere con cura le parole e assicurarsi che il significato sia compreso da tutti i destinatari.

- **Ascolto attivo:** La comunicazione non è solo trasmettere informazioni, ma anche ascoltare attentamente. Un leader efficace sa ascoltare i feedback, le preoccupazioni e le idee del team, mostrando interesse genuino per le opinioni degli altri.

- **Empatia:** Mettersi nei panni degli altri aiuta a comprendere meglio le loro esigenze e prospettive. L'empatia permette di creare un legame più forte con il team, facilitando la comunicazione.

- **Adattabilità:** Un buon comunicatore sa adattare il proprio stile di comunicazione in base all'audience. Ciò significa capire il contesto, il livello di conoscenza e le aspettative di chi ascolta.

Il potere della semplicità: Spesso, i messaggi più efficaci sono quelli espressi in modo semplice e diretto. Evitare il gergo complesso e concentrarsi sull'essenziale aiuta a garantire che il messaggio arrivi chiaramente a tutti i destinatari.

3. Tecniche per migliorare la comunicazione verbale e non verbale

La comunicazione non è solo verbale; gran parte del messaggio viene trasmesso attraverso segnali non verbali come il linguaggio del corpo, il tono della voce e le espressioni facciali. I leader devono essere consapevoli di questi aspetti per migliorare l'efficacia della loro comunicazione.

Strategie per migliorare la comunicazione verbale:

- **Uso del linguaggio positivo:** Le parole hanno un potere enorme. Utilizzare un linguaggio positivo può influenzare l'atteggiamento e la percezione degli altri. Ad esempio, invece di dire "Questo problema è difficile da risolvere", un leader può dire "Questa è una sfida che possiamo superare insieme."

- **Articolazione e ritmo:** Parla chiaramente e con un ritmo adeguato. Evita di parlare troppo velocemente o lentamente, e presta attenzione a come le tue parole vengono ricevute.

- **Coinvolgimento del pubblico:** Usa domande retoriche o interattive per coinvolgere il pubblico e mantenere alta la loro attenzione.

Migliorare la comunicazione non verbale:

- **Linguaggio del corpo:** Mantieni una postura aperta e rilassata, evitando gesti che potrebbero essere percepiti come difensivi o aggressivi. Il contatto visivo è essenziale per dimostrare attenzione e interesse.

- **Espressioni facciali:** Sorridere, annuire e mostrare espressioni appropriate al contesto aiuta a rafforzare il messaggio e a creare un legame emotivo con l'audience.

- **Tono della voce:** Il tono con cui comunichi può cambiare radicalmente il significato di ciò che dici. Un tono sicuro e amichevole può trasmettere fiducia e apertura, mentre un tono monotono o freddo può alienare l'ascoltatore.

Consapevolezza culturale: Quando si comunica in contesti multiculturali, è importante essere consapevoli delle differenze culturali nel linguaggio del corpo e nei segnali non verbali. Ciò che è accettabile in una cultura potrebbe essere percepito diversamente in un'altra.

4. Creare un ambiente di comunicazione aperta

Un ambiente in cui la comunicazione è aperta e bidirezionale è essenziale per il successo di qualsiasi team. I leader devono promuovere una cultura in cui tutti si sentano liberi di esprimere le proprie idee, domande e preoccupazioni senza timore di giudizi o ripercussioni.

Come promuovere la comunicazione aperta:

- **Incoraggiare il feedback:** Chiedi regolarmente feedback dal tuo team e mostra gratitudine per le opinioni che ricevi. Questo non solo migliora i processi, ma dimostra anche che apprezzi le prospettive degli altri.

- **Rimuovere le barriere:** Identifica e rimuovi le barriere alla comunicazione, che possono includere gerarchie rigide, mancanza di trasparenza o un ambiente di lavoro stressante.

- **Facilitare la collaborazione:** Promuovi discussioni aperte e brainstorming in cui tutti i membri del team possono contribuire. Questo rafforza il senso di appartenenza e stimola la creatività.

Il ruolo dell'ascolto: Creare un ambiente di comunicazione aperta richiede anche un impegno attivo nell'ascolto. I leader che ascoltano attentamente costruiscono relazioni più solide e sono meglio equipaggiati per affrontare problemi e conflitti.

5. Affrontare le sfide della comunicazione

Anche i leader più esperti possono incontrare sfide nella comunicazione. Tali sfide possono includere incomprensioni, differenze culturali, resistenze al cambiamento o semplicemente la difficoltà di far passare un messaggio in modo chiaro.

Strategie per affrontare le sfide comuni:

- **Gestione dei conflitti:** In situazioni di conflitto, è fondamentale mantenere la calma e affrontare il problema con un approccio costruttivo. Evita di accusare e concentrati invece su soluzioni pratiche.

- **Chiarire le incomprensioni:** Se un messaggio viene frainteso, è importante affrontare la situazione immediatamente. Riformula il messaggio, chiedi feedback per assicurarti che sia stato compreso correttamente, e usa esempi concreti per chiarire i concetti.

- **Superare la resistenza al cambiamento:** Quando introduci nuovi concetti o cambiamenti, è normale che ci sia una certa resistenza. Comunica chiaramente i benefici del cambiamento e coinvolgi il team nel processo decisionale per ridurre le resistenze.

L'importanza della pazienza: La comunicazione efficace richiede tempo e pazienza, specialmente in situazioni complesse. Prenditi il tempo necessario per assicurarti che ogni parte del messaggio sia stata compresa e accolta positivamente.

6. Sviluppare la comunicazione digitale

Nell'era digitale, la comunicazione non avviene solo di persona ma anche attraverso una varietà di piattaforme digitali. I leader moderni devono essere abili nel gestire la comunicazione su diverse piattaforme, mantenendo coerenza e chiarezza.

Best practices per la comunicazione digitale:

- **Scelta del canale appropriato:** Ogni piattaforma ha i suoi punti di forza e debolezza. Scegli il canale di comunicazione più appropriato in base al tipo di messaggio e al pubblico di riferimento.

- **Chiarezza e concisione:** Nella comunicazione digitale, è essenziale essere chiari e concisi. Evita messaggi prolissi e vai dritto al punto per evitare incomprensioni.

- **Feedback tempestivo:** Nel mondo digitale, le aspettative di risposta sono spesso più elevate. Assicurati di rispondere prontamente a messaggi importanti per mantenere il flusso di comunicazione.

Rispetto per la netiquette: Ricorda che la comunicazione digitale richiede una propria etichetta (netiquette). Sii professionale e rispettoso nei tuoi messaggi, e presta attenzione al tono che può essere facilmente frainteso in assenza di segnali non verbali.

7. Conclusioni

La comunicazione efficace è la pietra angolare di una leadership di successo. Attraverso la padronanza della comunicazione verbale, non verbale e digitale, un leader può costruire fiducia, motivare il team e guidare l'organizzazione verso il successo. Le abilità comunicative non sono innate, ma possono essere sviluppate e affinate con pratica e consapevolezza. Investire nel miglioramento delle proprie capacità di comunicazione non solo avvantaggia il leader, ma crea un ambiente di lavoro più coeso, innovativo e produttivo.

Ascolto attivo

L'ascolto attivo è una delle abilità più sottovalutate, ma al contempo essenziali, per un leader efficace. Non si tratta semplicemente di sentire ciò che gli altri dicono, ma di comprendere profondamente il messaggio, le emozioni e le intenzioni dietro le parole. In questo paragrafo, esploreremo l'importanza dell'ascolto attivo nella leadership, le tecniche per svilupparlo e i benefici che può portare sia ai leader che ai loro team.

1. L'importanza dell'ascolto attivo nella leadership

L'ascolto attivo è un pilastro fondamentale della comunicazione efficace e, quindi, della leadership. Un leader che sa ascoltare attivamente è in grado di costruire relazioni più forti, risolvere conflitti in modo più efficiente e prendere decisioni meglio informate.

Perché l'ascolto attivo è cruciale nella leadership:

- **Costruzione della fiducia:** Quando i membri del team sentono che il leader li ascolta veramente, sono più propensi a fidarsi e a sentirsi valorizzati. Questa fiducia è essenziale per creare un ambiente di lavoro aperto e collaborativo.

- **Risoluzione dei conflitti:** Molti conflitti nascono da incomprensioni o da una comunicazione inefficace. L'ascolto attivo consente di comprendere le vere preoccupazioni e le motivazioni degli altri, facilitando la risoluzione delle controversie.

- **Miglioramento della qualità delle decisioni:** Un leader che ascolta attivamente raccoglie informazioni preziose che possono influenzare positivamente il processo decisionale. Le idee e le prospettive diverse, se ascoltate e integrate, possono portare a soluzioni più innovative ed efficaci.

- **Motivazione e coinvolgimento:** Sentirsi ascoltati aumenta il senso di appartenenza e il coinvolgimento dei membri del team, motivandoli a contribuire attivamente e a dare il massimo.

2. Componenti dell'ascolto attivo

L'ascolto attivo non è un processo passivo, ma richiede un impegno consapevole e una serie di competenze specifiche. Include sia aspetti verbali che non verbali, e si concentra sull'interazione con l'interlocutore in modo da favorire una comunicazione aperta e onesta.

Le componenti chiave dell'ascolto attivo:

- **Attenzione piena:** L'ascolto attivo richiede di dare all'interlocutore la propria totale attenzione. Ciò significa eliminare distrazioni, come telefoni o computer, e concentrarsi completamente sulla conversazione.

- **Riflessività:** È importante riflettere su ciò che l'interlocutore ha detto prima di rispondere. Questo aiuta a garantire che si comprenda appieno il messaggio e a rispondere in modo ponderato.

- **Feedback verbale e non verbale:** Fornire feedback, come annuire o usare espressioni facciali che mostrano comprensione, incoraggia l'interlocutore a continuare a parlare. Commenti come "Capisco" o "Potresti spiegare meglio?" mostrano che si sta seguendo attivamente la conversazione.

- **Parafrasare e riepilogare:** Ripetere con le proprie parole ciò che l'interlocutore ha detto aiuta a confermare che si è compreso correttamente il messaggio. Frasi come "Quindi, quello che mi stai dicendo è..." mostrano un impegno attivo nell'ascolto.

- **Domande chiarificatrici:** Porre domande aperte che invitano l'interlocutore a spiegare ulteriormente può approfondire la comprensione e dimostrare interesse per ciò che viene detto.

Il potere del silenzio: A volte, il silenzio può essere uno strumento potente nell'ascolto attivo. Dare spazio all'interlocutore per riflettere o espandere un'idea senza interrompere può portare a una comunicazione più profonda e significativa.

3. Tecniche per sviluppare l'ascolto attivo

Sviluppare l'ascolto attivo richiede pratica e consapevolezza. Non tutti i leader nascono con questa abilità, ma con l'impegno giusto, è possibile migliorare notevolmente la capacità di ascoltare e comprendere gli altri.

Strategie per migliorare l'ascolto attivo:

- **Pratica della presenza mentale:** Essere mentalmente presenti durante le conversazioni è fondamentale. Tecniche di mindfulness, come il concentrarsi sul respiro, possono aiutare a mantenere la mente focalizzata sull'interlocutore.

- **Evitare interruzioni:** Resistere alla tentazione di interrompere è cruciale. Anche se si è tentati di dare subito una risposta o un'opinione, aspettare che l'altro abbia finito di parlare dimostra rispetto e attenzione.

- **Riconoscere i propri pregiudizi:** Essere consapevoli dei propri pregiudizi o assunzioni può aiutare a evitare che questi influenzino l'interpretazione del messaggio dell'interlocutore. Avvicinarsi alla conversazione con una mente aperta permette di ascoltare senza filtri o distorsioni.

- **Empatia attiva:** Cercare di comprendere non solo le parole, ma anche le emozioni e i sentimenti dietro di esse, favorisce una connessione più profonda con l'interlocutore. L'empatia attiva richiede di mettersi nei panni dell'altro e di rispondere con sensibilità.

- **Feedback costante:** Chiedere feedback sulla propria capacità di ascolto può offrire preziose informazioni su come migliorare ulteriormente. In un ambiente di lavoro, questo può anche rafforzare la cultura della comunicazione aperta e del miglioramento continuo.

Importanza della coerenza: Per sviluppare veramente l'ascolto attivo, è importante praticarlo in modo coerente, non solo nelle situazioni critiche, ma in tutte le interazioni quotidiane. Questo non solo migliora la propria abilità, ma stabilisce anche uno standard positivo per tutto il team.

4. Benefici dell'ascolto attivo per i leader e il team

L'ascolto attivo offre una serie di vantaggi che vanno oltre la semplice comprensione del messaggio. Influisce positivamente sulla cultura aziendale, sul morale del team e sulla capacità del leader di guidare efficacemente.

Vantaggi dell'ascolto attivo:

- **Miglioramento delle relazioni:** Quando i leader ascoltano attivamente, costruiscono relazioni più forti e basate sulla fiducia con i loro collaboratori. Questo porta a un ambiente di lavoro più armonioso e collaborativo.

- **Crescita personale e professionale:** I leader che ascoltano attivamente sono in una posizione migliore per imparare dai feedback e dalle esperienze degli altri, favorendo la loro crescita personale e professionale.

- **Risoluzione più rapida dei problemi:** Comprendere veramente le preoccupazioni e le idee degli altri consente di identificare e risolvere i problemi in modo più rapido ed efficace.

- **Maggiore innovazione:** L'ascolto attivo stimola un flusso di idee più libero e creativo. I membri del team si sentono più liberi di esprimere le loro idee, sapendo che verranno ascoltati e considerati.

- **Motivazione e impegno:** Sentirsi ascoltati fa sentire i membri del team valorizzati e importanti, aumentando la loro motivazione e il loro impegno nei confronti del lavoro e degli obiettivi dell'organizzazione.

Cultura dell'ascolto: I leader che promuovono l'ascolto attivo non solo migliorano le loro capacità personali, ma creano una cultura aziendale dove la comunicazione aperta e l'ascolto reciproco sono la norma. Questo porta a un ambiente di lavoro più inclusivo, dove ogni voce conta.

5. Conclusioni

L'ascolto attivo è un'abilità indispensabile per qualsiasi leader che aspiri a guidare con efficacia e compassione. Non solo facilita una comunicazione più chiara e produttiva, ma costruisce anche relazioni basate sulla fiducia, migliorando il morale del team e creando un ambiente di lavoro più collaborativo e innovativo. Sviluppare questa abilità richiede pratica e impegno, ma i benefici che porta, sia per i leader che per i loro team, sono inestimabili. Investire nell'ascolto attivo è un passo fondamentale verso una leadership più forte e di successo.

Dare e ricevere feedback

"IL FEEDBACK È IL PASTO DEI CAMPIONI." – Ken Blanchard

Dare e ricevere feedback è uno degli aspetti più cruciali della comunicazione all'interno di un contesto di leadership. Un feedback efficace può essere un potente strumento di crescita, motivazione e miglioramento continuo, sia per i singoli individui che per l'intero team. Tuttavia, affinché il feedback svolga davvero il suo ruolo, deve essere somministrato e accolto in modo strategico e costruttivo.

1. L'importanza del feedback nella leadership

Il feedback rappresenta il canale attraverso il quale le prestazioni possono essere valutate e migliorate. È un elemento chiave per la crescita personale e professionale e per il successo dell'organizzazione. Senza un feedback costante e significativo, i membri del team possono sentirsi persi, senza direzione, e le opportunità di miglioramento potrebbero passare inosservate.

Perché il feedback è essenziale:

- **Crescita personale e professionale:** Il feedback fornisce informazioni cruciali che aiutano le persone a capire cosa stanno facendo bene e dove possono migliorare. Un leader che sa dare feedback costruttivo aiuta i membri del team a svilupparsi e a progredire nelle loro carriere.

- **Miglioramento delle prestazioni:** Attraverso il feedback, i leader possono indirizzare comportamenti e azioni verso gli obiettivi dell'organizzazione, correggendo eventuali deviazioni e promuovendo una maggiore efficienza.

- **Motivazione e impegno:** Un feedback positivo e ben gestito può rafforzare la fiducia e la motivazione dei membri del team, facendoli sentire riconosciuti e valorizzati.

- **Costruzione di relazioni:** Un feedback regolare e trasparente aiuta a costruire relazioni basate sulla fiducia e sull'apertura. Quando le persone sanno che il feedback è sincero e volto al miglioramento, sono più propense a fidarsi del leader e a collaborare attivamente.

2. Dare feedback efficace

Dare feedback è un'arte che richiede sensibilità, chiarezza e tempestività. Un feedback efficace non è semplicemente una critica o un elogio, ma una comunicazione mirata che aiuta a capire cosa è stato fatto bene e cosa può essere migliorato.

Principi chiave per dare un feedback efficace:

- **Essere specifici:** Un feedback vago può essere confuso e non fornire indicazioni concrete su come migliorare. È importante essere chiari e specifici su quali comportamenti o risultati necessitano di cambiamento o sono apprezzati.

- **Tempestività:** Il feedback è più efficace quando viene dato subito dopo l'evento o la situazione in questione. Aspettare troppo a lungo può ridurre l'impatto del feedback e far perdere il senso di urgenza.

- **Focalizzarsi sui comportamenti, non sulla persona:** È essenziale criticare o elogiare i comportamenti e non la persona stessa. Questo approccio riduce la probabilità che il feedback venga percepito come un attacco personale.

- **Bilanciare feedback positivo e costruttivo:** Un buon feedback dovrebbe includere sia aspetti positivi che aree di miglioramento. Iniziare con un riconoscimento positivo può aiutare a predisporre l'interlocutore in modo più ricettivo alle critiche costruttive.

- **Fornire suggerimenti per il miglioramento:** Un feedback costruttivo non dovrebbe limitarsi a indicare cosa non va, ma dovrebbe anche suggerire modi concreti per migliorare. Questo rende il feedback più utile e orientato all'azione.

- **Coinvolgere la persona nel dialogo:** Dopo aver dato il feedback, è utile chiedere all'interlocutore come si sente al riguardo o se ha domande. Questo può aprire una discussione che porta a una comprensione reciproca più profonda e a un piano d'azione condiviso.

Esempi di feedback efficace:

- **Positivo:** "Il modo in cui hai gestito la presentazione di ieri è stato eccellente, in particolare la tua capacità di rispondere alle domande del pubblico con sicurezza ha fatto davvero la differenza."

- **Costruttivo:** "Ho notato che la relazione che hai inviato aveva alcune imprecisioni nei dati. Sarebbe utile se potessimo verificare insieme i numeri prima della prossima consegna per garantire l'accuratezza."

3. Ricevere feedback con apertura

Ricevere feedback può essere difficile, specialmente quando è critico. Tuttavia, la capacità di accogliere il feedback con apertura e senza difensività è fondamentale per la crescita personale e professionale. Un leader che accoglie il feedback con un atteggiamento positivo dimostra umiltà, disponibilità al miglioramento e un vero interesse per l'opinione degli altri.

Strategie per ricevere feedback in modo costruttivo:

- **Mantenere la calma:** È importante non reagire immediatamente o emotivamente al feedback, soprattutto se è critico. Prendersi un momento per respirare e riflettere prima di rispondere aiuta a mantenere la conversazione costruttiva.

- **Ascoltare attentamente:** Quando si riceve feedback, è fondamentale ascoltare attentamente senza interrompere. Questo dimostra rispetto per chi sta fornendo il feedback e aiuta a capire meglio il messaggio.

- **Chiedere chiarimenti:** Se qualcosa nel feedback non è chiaro, chiedere ulteriori spiegazioni può aiutare a evitare malintesi e a ottenere un quadro più completo.

- **Ringraziare per il feedback:** Anche se il feedback può essere difficile da accettare, è importante riconoscere l'impegno di chi lo ha fornito. Ringraziare l'interlocutore mostra che il feedback è apprezzato e che si è disposti a considerarlo.

- **Riflettere e agire:** Dopo aver ricevuto il feedback, è utile prendersi del tempo per riflettere su come si può applicarlo in modo costruttivo. Agire in base al feedback dimostra impegno nel miglioramento e rafforza la fiducia tra leader e team.

Gestire il feedback negativo: Quando si riceve feedback negativo, è importante non prenderlo sul personale. Invece, considerarlo come un'opportunità per migliorare e chiedere consigli su come affrontare le aree critiche. Mostrare una mentalità di crescita può trasformare un feedback negativo in una preziosa occasione di apprendimento.

4. Creare una cultura del feedback

Per massimizzare i benefici del feedback, i leader devono promuovere una cultura aziendale in cui il feedback è visto come un elemento positivo e integrale del lavoro quotidiano. In un ambiente del genere, il feedback non viene temuto o evitato, ma cercato attivamente e accolto come un'opportunità di crescita.

Come creare una cultura del feedback:

- **Incoraggiare il feedback reciproco:** I leader dovrebbero non solo dare feedback, ma anche incoraggiare i membri del team a dare feedback tra di loro e al leader stesso. Questo promuove un ambiente di lavoro più aperto e collaborativo.

- **Fornire formazione sul feedback:** Offrire formazione su come dare e ricevere feedback può aiutare a superare le barriere emotive e tecniche che spesso ostacolano un feedback efficace. La formazione aiuta a creare una comprensione comune dell'importanza del feedback e delle migliori pratiche per gestirlo.

- **Incorporare il feedback nei processi aziendali:** Il feedback dovrebbe essere integrato nei processi aziendali, come le revisioni delle performance e le riunioni di team. Questo lo rende una parte naturale e regolare del lavoro, piuttosto che un evento straordinario.

- **Celebration e riconoscimento:** Riconoscere pubblicamente i progressi fatti grazie al feedback aiuta a rafforzare il valore di questo strumento e a motivare gli altri a cercare e dare feedback in modo costruttivo.

Il feedback come strumento di innovazione: In una cultura del feedback ben sviluppata, il feedback può diventare un potente strumento di innovazione. Quando le persone si sentono libere di condividere idee e critiche costruttive, l'organizzazione può adattarsi più rapidamente ai cambiamenti e migliorare continuamente i propri processi e prodotti.

5. Conclusioni

Dare e ricevere feedback è una componente fondamentale della leadership efficace. Un feedback ben gestito può portare a un miglioramento delle prestazioni, a una maggiore motivazione e a una cultura del lavoro più aperta e collaborativa. Tuttavia, per ottenere questi benefici, è essenziale che i leader sviluppino competenze avanzate sia nel dare feedback che nell'accoglierlo. Attraverso l'implementazione di strategie consapevoli e l'incoraggiamento di una cultura del feedback, i leader possono guidare i loro team verso una crescita continua e un successo duraturo.

Public speaking

"LA CAPACITÀ DI PARLARE ELOQUENTEMENTE È IL PUNTO CULMINANTE DI OGNI VERA EDUCAZIONE." – Cicero

Il public speaking, o arte di parlare in pubblico, è una delle competenze fondamentali per un leader efficace. Saper comunicare le proprie idee, visioni e strategie in modo chiaro e convincente davanti a un pubblico è essenziale per guidare e ispirare gli altri. Non si tratta solo di trasmettere informazioni, ma di connettersi con l'audience, influenzare il pensiero e guidare l'azione.

1. L'importanza del public speaking nella leadership

Per un leader, la capacità di parlare in pubblico rappresenta uno strumento di potere e influenza. Le parole di un leader possono motivare un team, convincere i clienti, rassicurare gli stakeholder e persino cambiare la direzione di un'organizzazione. Un discorso ben articolato può essere la chiave per ottenere il supporto necessario, mentre una presentazione poco convincente può indebolire la fiducia e l'autorità del leader.

Perché il public speaking è cruciale per un leader:

- **Comunicazione della visione:** Un leader deve saper articolare chiaramente la propria visione del futuro. Attraverso il public speaking, la visione del leader diventa tangibile e motivante per gli altri.

- **Influenzare e persuadere:** Un discorso efficace ha il potere di cambiare opinioni, motivare azioni e creare consenso. Il public speaking è lo strumento attraverso il quale un leader può convincere e ispirare.

- **Creare connessioni emotive:** Parlare in pubblico non riguarda solo la trasmissione di dati o informazioni; si tratta di connettersi con il pubblico a un livello emotivo, creando un legame che rafforza la leadership.

- **Gestione delle crisi:** In momenti di crisi, i leader devono spesso parlare in pubblico per calmare le acque, offrire rassicurazioni e guidare con decisione. Una comunicazione efficace in questi momenti può fare la differenza tra il successo e il fallimento.

2. Preparazione di un discorso efficace

La preparazione è la chiave per un discorso pubblico efficace. Anche i migliori oratori dedicano tempo e attenzione alla preparazione dei loro discorsi, per assicurarsi che ogni parola, tono e gesto siano perfettamente calibrati per raggiungere l'obiettivo desiderato.

Passi per preparare un discorso di successo:

- **Conoscere l'audience:** Prima di preparare un discorso, è essenziale comprendere chi sarà il pubblico. Cosa sanno già dell'argomento? Quali sono le loro preoccupazioni e aspettative? Questa conoscenza aiuta a modellare il messaggio in modo che risuoni con l'audience.

- **Definire l'obiettivo:** Ogni discorso dovrebbe avere un obiettivo chiaro. Vuoi informare, persuadere, ispirare o motivare? Definire l'obiettivo ti aiuterà a rimanere focalizzato durante la preparazione del discorso.

- **Strutturare il discorso:** Un discorso efficace segue una struttura chiara e logica. Di solito, questa include un'introduzione che cattura l'attenzione, un corpo che sviluppa l'argomento e una conclusione che rafforza il messaggio chiave e invita all'azione.

- **Creare un messaggio chiaro:** Il pubblico dovrebbe essere in grado di riassumere il messaggio principale del discorso in una o due frasi. Evita complicazioni e mantieni il messaggio semplice e diretto.

- **Usare storie e analogie:** Le storie e le analogie rendono il discorso più avvincente e memorabile. Collegare il messaggio a esempi concreti o esperienze personali può aiutare a rendere il contenuto più accessibile e rilevante per il pubblico.

- **Anticipare domande e obiezioni:** Prevedere le domande o le obiezioni che potrebbero sorgere e preparare risposte efficaci può aumentare la fiducia nel tuo discorso e assicurare che il messaggio rimanga saldo anche durante una sessione di domande e risposte.

3. Tecniche di public speaking

Oltre alla preparazione del contenuto, ci sono numerose tecniche che possono migliorare l'efficacia del public speaking. Queste tecniche riguardano non solo cosa dici, ma anche come lo dici.

Tecniche chiave per un public speaking efficace:

- **Contatto visivo:** Stabilire un buon contatto visivo con il pubblico aiuta a creare una connessione personale e a mantenere l'attenzione. Evitare di fissare un punto fisso o di guardare troppo a lungo le note.

- **Linguaggio del corpo:** Il linguaggio del corpo comunica tanto quanto le parole. Una postura aperta, gesti naturali e movimenti appropriati possono rafforzare il messaggio e rendere il discorso più dinamico.

- **Variazione del tono di voce:** Una voce monotona può annoiare il pubblico, mentre la variazione del tono, del volume e del ritmo può mantenere alta l'attenzione e sottolineare i punti chiave.

- **Pausa strategica:** Le pause non sono semplicemente assenze di parole, ma strumenti potenti per dare enfasi e permettere al pubblico di riflettere su ciò che è stato detto. Le pause strategiche possono creare suspense o enfatizzare un punto importante.

- **Gestione dell'ansia:** È normale sentirsi nervosi prima di parlare in pubblico, ma ci sono tecniche per gestire l'ansia, come la respirazione profonda, la visualizzazione positiva e la pratica regolare. L'ansia può essere trasformata in energia positiva, se gestita correttamente.

- **Coinvolgimento del pubblico:** Interagire con l'audience attraverso domande retoriche, sondaggi live o inviti alla riflessione può rendere il discorso più coinvolgente e interattivo.

4. Affrontare sfide comuni nel public speaking

Anche i leader esperti possono incontrare difficoltà durante un discorso pubblico. Alcune delle sfide più comuni includono la paura del palcoscenico, la gestione di un pubblico difficile e la necessità di adattarsi a imprevisti. Superare queste sfide richiede pratica, esperienza e una serie di strategie specifiche.

Sfide comuni e come affrontarle:

- **Paura del palcoscenico:** Anche i leader più sicuri possono sentirsi ansiosi prima di un discorso. Per superare questa paura, è utile concentrarsi sul messaggio piuttosto che sulle proprie emozioni. Praticare regolarmente, sia davanti a un piccolo gruppo che da soli, può anche aumentare la fiducia.

- **Pubblico difficile:** A volte, l'audience può essere disinteressata o persino ostile. In questi casi, è importante mantenere la calma e cercare di coinvolgere il pubblico con domande o esempi rilevanti. Rispondere con rispetto e professionalità alle obiezioni può trasformare una situazione negativa in un'opportunità di dialogo.

- **Adattarsi a imprevisti:** Problemi tecnici, interruzioni o cambiamenti improvvisi nell'agenda possono creare scompiglio durante un discorso. I leader efficaci sanno come mantenere la calma e adattarsi alle circostanze, mantenendo il focus sul messaggio principale.

Strategie per gestire gli imprevisti:

- **Preparazione di backup:** Avere sempre una copia cartacea delle note o della presentazione e conoscere bene il contenuto in modo da poter continuare anche senza il supporto tecnologico.

- **Improvvisazione controllata:** Anche se la preparazione è fondamentale, essere in grado di improvvisare in modo naturale e coerente con il messaggio può salvare un discorso da una situazione difficile.

- **Mantenere il controllo:** Anche in situazioni di imprevisto, un leader deve mantenere il controllo della situazione, comunicando con calma e decisione.

5. Migliorare le proprie capacità di public speaking

Come ogni altra competenza, il public speaking può essere migliorato con pratica e riflessione costante. I leader devono essere proattivi nel cercare opportunità per parlare in pubblico, che si tratti di piccole riunioni o di grandi conferenze. Ogni occasione rappresenta un'opportunità di crescita.

Suggerimenti per migliorare il public speaking:

- **Pratica regolare:** Parla in pubblico il più spesso possibile. Ogni occasione di parlare, anche in contesti informali, è un'opportunità per migliorare le tue abilità.

- **Osservare i grandi oratori:** Studiare i discorsi di oratori famosi, come leader politici o grandi motivatori, può fornire preziosi insegnamenti su tecniche e stili di comunicazione.

- **Feedback e riflessione:** Dopo ogni discorso, chiedi feedback a persone di fiducia e riflettere su cosa è andato bene e cosa potrebbe essere migliorato. Questo approccio ti aiuterà a crescere e ad affinare le tue abilità nel tempo.

- **Partecipare a corsi e workshop:** Esistono numerosi corsi e workshop dedicati al public speaking che offrono formazione pratica e suggerimenti per migliorare le tue abilità.

- **Video-registrazione delle performance:** Rivedere le registrazioni dei propri discorsi può essere un potente strumento di apprendimento.

Puoi osservare il linguaggio del corpo, il tono di voce e la struttura del discorso, identificando aree di miglioramento.

6. Conclusioni

Il public speaking è una competenza cruciale per qualsiasi leader che desidera avere un impatto significativo e duraturo. Saper parlare in pubblico in modo efficace richiede preparazione, pratica e la capacità di adattarsi alle circostanze. Tuttavia, con il giusto impegno e le tecniche appropriate, ogni leader può diventare un oratore sicuro e convincente. Sviluppare questa competenza non solo rafforza la capacità di guidare e ispirare, ma contribuisce anche a costruire la fiducia e l'autorità necessarie per influenzare il cambiamento e ottenere risultati positivi.

Capitolo 6: Sviluppare le tue capacità di gestione del tempo

Stabilire priorità

"LE COSE PIÙ IMPORTANTI NON DOVREBBERO MAI ESSERE ALLA MERCÉ DELLE COSE MENO IMPORTANTI." — Goethe

La gestione del tempo è una delle competenze più critiche per un leader efficace, e stabilire le priorità è il cuore di questa abilità. In un mondo in cui le richieste sono infinite e il tempo è limitato, la capacità di discernere ciò che è veramente importante da ciò che può essere delegato, rimandato o eliminato è essenziale per il successo.

1. L'importanza di stabilire le priorità

Stabilire le priorità non è solo una questione di produttività; è una questione di leadership strategica. I leader che sanno quali compiti meritano la loro attenzione e quali possono essere trascurati o delegati riescono a mantenere il focus sugli obiettivi a lungo termine, evitando di essere sopraffatti dalle urgenze quotidiane.

Perché stabilire priorità è cruciale per un leader:

- **Mantenere la concentrazione sugli obiettivi chiave:** I leader devono bilanciare molteplici responsabilità e progetti. Senza una chiara gerarchia delle priorità, è facile perdere di vista ciò che è veramente importante e disperdere le energie su attività meno rilevanti.

- **Ottimizzare le risorse:** Le risorse, inclusi tempo e personale, sono sempre limitate. Stabilire le priorità aiuta a garantire che queste risorse siano allocate in modo ottimale, assicurando che le attività critiche ricevano l'attenzione necessaria.

- **Ridurre lo stress e l'ansia:** Quando tutto sembra ugualmente urgente, il rischio di sentirsi sopraffatti aumenta. Stabilire priorità chiare riduce lo stress, poiché consente di affrontare prima le attività più importanti, lasciando le meno cruciali per un momento successivo.

- **Aumentare l'efficacia decisionale:** Con una chiara comprensione delle priorità, i leader possono prendere decisioni più rapide e informate, evitando la paralisi decisionale e mantenendo un ritmo costante verso il raggiungimento degli obiettivi.

2. Tecniche per stabilire le priorità

Esistono diverse tecniche e metodologie che i leader possono utilizzare per stabilire le priorità in modo efficace. Queste tecniche aiutano a valutare le attività in base alla loro importanza e urgenza, consentendo una gestione più strategica del tempo e delle risorse.

2.1 La Matrice di Eisenhower:

Una delle tecniche più popolari per stabilire le priorità è la Matrice di Eisenhower, che suddivide le attività in quattro quadranti in base alla loro urgenza e importanza:

- **Quadrante I: Importante e urgente:** Questi compiti richiedono attenzione immediata. Solitamente includono crisi, scadenze imminenti e problemi pressanti. La gestione efficace di questi compiti è essenziale per evitare il caos.

- **Quadrante II: Importante ma non urgente:** Questi sono i compiti che contribuiscono agli obiettivi a lungo termine e alla crescita, come la pianificazione, la formazione e lo sviluppo delle relazioni. Dovrebbero essere una priorità per un leader, poiché trascurarli può portare a emergenze future.

- **Quadrante III: Non importante ma urgente:** Questi compiti sono spesso fonte di distrazione. Possono includere interruzioni, riunioni non essenziali e attività che possono essere delegate. Un leader efficace deve imparare a minimizzare il tempo speso su questi compiti.

- **Quadrante IV: Non importante e non urgente:** Questi compiti sono generalmente una perdita di tempo e dovrebbero essere eliminati o ridotti al minimo.

2.2 La Regola del 80/20 (Principio di Pareto):

Il Principio di Pareto, noto anche come la regola dell'80/20, suggerisce che l'80% dei risultati proviene dal 20% delle attività. Questo principio può essere applicato per stabilire le priorità, identificando quel 20% delle attività che produce il maggior valore e concentrando gli sforzi su di esse.

2.3 Il Metodo ABCDE:

Un'altra tecnica utile è il metodo ABCDE, in cui le attività sono classificate come:

- **A:** Attività che devono essere fatte, altrimenti ci saranno gravi conseguenze. Sono le tue principali priorità.

- **B:** Attività che dovrebbero essere fatte, ma con conseguenze meno gravi rispetto alle attività di tipo A.

- **C:** Attività che sarebbe bello fare, ma senza conseguenze negative significative se non vengono fatte.

- **D:** Attività che possono essere delegate ad altri.

- **E:** Attività che possono essere eliminate, in quanto non contribuiscono significativamente ai tuoi obiettivi.

3. Bilanciare le priorità a breve e lungo termine

Uno degli aspetti più difficili nella gestione delle priorità è trovare un equilibrio tra le esigenze a breve termine e gli obiettivi a lungo termine. È facile farsi catturare dalle urgenze quotidiane e perdere di vista le strategie a lungo termine che guidano la crescita e il successo sostenibile.

- **Creare una visione chiara:** Avere una visione chiara e ben definita aiuta a mantenere il focus sulle priorità a lungo termine. Quando le decisioni a breve termine vengono prese in linea con questa visione, è più probabile che siano allineate con gli obiettivi strategici.

- **Allocare tempo per la pianificazione strategica:** Dedica regolarmente del tempo alla pianificazione strategica. Questo tempo dovrebbe essere utilizzato per riflettere sugli obiettivi a lungo termine e valutare come le attività quotidiane contribuiscono a raggiungerli.

- **Impostare obiettivi SMART:** Gli obiettivi SMART (Specifici, Misurabili, Raggiungibili, Rilevanti, Temporali) aiutano a mantenere un equilibrio tra il breve e il lungo termine. Gli obiettivi a breve termine dovrebbero essere visti come tappe verso il raggiungimento degli obiettivi a lungo termine.

- **Rivedere regolarmente le priorità:** Le priorità possono cambiare nel tempo in base a nuove informazioni, cambiamenti di mercato o altre circostanze. È importante rivedere regolarmente le priorità per assicurarsi che rimangano allineate con gli obiettivi strategici.

4. Affrontare le sfide nella gestione delle priorità

Anche con una buona pianificazione, la gestione delle priorità può essere una sfida. Imprevisti, cambiamenti di rotta e nuove opportunità possono richiedere una ricalibrazione delle priorità.

Sfide comuni e come affrontarle:

- **Interruzioni costanti:** Le interruzioni possono deviare l'attenzione dalle priorità principali. Per affrontarle, è utile stabilire dei blocchi di tempo dedicati a lavorare senza interruzioni e comunicare chiaramente ai membri del team quando sei disponibile e quando non lo sei.

- **Compromessi difficili:** A volte, le risorse sono così limitate che anche le attività importanti devono essere messe in secondo piano. In questi casi, è essenziale valutare attentamente le conseguenze di ogni scelta e comunicare chiaramente le decisioni prese al team.

- **Gestione delle aspettative:** I leader spesso affrontano pressioni da molteplici fonti: clienti, team, superiori. Gestire queste aspettative richiede una comunicazione trasparente e la capacità di negoziare priorità con le parti interessate.

- **La tentazione del multitasking:** Anche se può sembrare una soluzione efficace, il multitasking spesso porta a una diminuzione della qualità del lavoro e a un aumento dello stress. È più produttivo concentrarsi su un compito alla volta, completandolo prima di passare al successivo.

5. Strumenti per la gestione delle priorità

Diversi strumenti e tecnologie possono aiutare i leader a stabilire e gestire le priorità in modo più efficace. Questi strumenti possono variare da semplici liste di cose da fare a software di gestione dei progetti più complessi.

Strumenti utili per la gestione delle priorità:

- **Liste di cose da fare:** Le liste di cose da fare sono uno strumento semplice ma potente per tenere traccia delle attività. Possono essere cartacee o digitali e possono essere suddivise in categorie di priorità.

- **Planner e agende:** Un planner fisico o digitale aiuta a visualizzare le attività su una scala temporale, rendendo più facile vedere quali compiti richiedono attenzione immediata e quali possono essere programmati per dopo.

- **Software di gestione dei progetti:** Strumenti come Trello, Asana, o Microsoft Project offrono funzionalità avanzate per la gestione dei progetti e delle priorità, consentendo di assegnare compiti, impostare scadenze e monitorare i progressi.

- **Tecnologie di time-tracking:** Le app di time-tracking come Toggl o RescueTime possono aiutare a monitorare come viene speso il tempo, fornendo dati preziosi per identificare le aree in cui si può migliorare l'efficienza.

6. Migliorare costantemente la gestione delle priorità

La capacità di stabilire e gestire le priorità è una competenza che si affina con il tempo e l'esperienza. I leader efficaci sono quelli che riescono a imparare dalle proprie esperienze e a migliorare continuamente le proprie capacità di gestione del tempo.

Strategie per il miglioramento continuo:

- **Riflettere sulle esperienze passate:** Dopo aver completato un progetto o raggiunto un obiettivo, riflettere su cosa ha funzionato bene e cosa poteva essere fatto diversamente è un ottimo modo per migliorare.

- **Chiedere feedback:** Il feedback da parte dei membri del team o dei colleghi può fornire una prospettiva esterna preziosa su come gestisci le tue priorità.

- **Formazione continua:** Partecipare a corsi di gestione del tempo, leggere libri sull'argomento e rimanere aggiornato sulle nuove tecniche e strumenti può aiutare a migliorare costantemente.

7. Conclusioni

Stabilire le priorità è una competenza fondamentale per ogni leader. È ciò che permette di mantenere il focus sugli obiettivi chiave, di ottimizzare l'uso delle risorse e di ridurre lo stress legato alle scadenze. Con le giuste tecniche e strumenti, ogni leader può affinare la propria capacità di discernere ciò che è veramente importante, garantendo così il successo sia nel breve che nel lungo termine. La gestione efficace delle priorità non solo migliora la produttività, ma rafforza anche la capacità di leadership, permettendo di guidare con maggiore sicurezza e competenza.

Delegare compiti

"DELEGARE FUNZIONA, PURCHÉ SEGUI L'ARTE DEL DELEGARE." —
Robert Half

Delegare è un'arte fondamentale per qualsiasi leader. La capacità di delegare efficacemente non solo aumenta la produttività di un'organizzazione, ma permette anche ai leader di concentrarsi su ciò che conta davvero: le decisioni strategiche e la visione a lungo termine. Delegare non significa semplicemente assegnare compiti ad altri, ma implica la fiducia nelle capacità del team e la responsabilità condivisa per i risultati.

1. L'importanza della delega

Delegare non è solo una questione di distribuire il carico di lavoro, ma è un atto di leadership che consente ai membri del team di sviluppare le proprie competenze e di crescere professionalmente. Un leader che delega efficacemente:

- **Ottimizza il tempo e le risorse:** Libera tempo prezioso per concentrarsi su attività ad alto valore aggiunto.

- **Favorisce lo sviluppo del team:** Delegando compiti sfidanti, i membri del team possono acquisire nuove competenze e assumere maggiori responsabilità.

- **Aumenta la motivazione:** Quando i membri del team sentono che le loro capacità sono riconosciute e valorizzate, la loro motivazione e soddisfazione lavorativa aumentano.

- **Promuove l'efficienza:** Distribuire equamente il carico di lavoro assicura che nessuna persona sia sovraccaricata e che tutte le risorse siano utilizzate in modo ottimale.

2. Quando delegare e quando non delegare

Capire quando delegare è cruciale per evitare di sovraccaricare il team o, al contrario, di trattenere troppo lavoro per sé. Non tutti i compiti sono adatti per essere delegati, e il leader deve essere in grado di discernere tra quelli che richiedono la sua attenzione diretta e quelli che possono essere gestiti efficacemente da altri.

Compiti da delegare:

- **Attività ripetitive o operative:** Questi compiti non richiedono la supervisione diretta del leader e possono essere facilmente gestiti da altri membri del team.

- **Progetti di sviluppo personale:** Compiti che possono essere utilizzati come opportunità di crescita per i membri del team, contribuendo al loro sviluppo professionale.

- **Attività di routine che sottraggono tempo:** Questi sono compiti necessari ma non strategici, che possono essere delegati per liberare tempo per decisioni più importanti.

Compiti da non delegare:

- **Decisioni strategiche:** Questi compiti richiedono la visione e la competenza del leader e non dovrebbero essere delegati.

- **Attività critiche o riservate:** Compiti che richiedono una conoscenza specifica o una gestione delicata dovrebbero rimanere sotto il controllo diretto del leader.

- **Mansioni di supervisione diretta:** La responsabilità finale di supervisionare i risultati del team dovrebbe rimanere al leader, anche se i compiti operativi sono stati delegati.

3. Come delegare efficacemente

Delegare è un processo che richiede pianificazione e comunicazione chiara. Non si tratta solo di assegnare un compito, ma di assicurarsi che chi lo riceve comprenda esattamente cosa deve fare, come farlo, e quali sono le aspettative.

Passi per una delega efficace:

- **Identificare il compito giusto:** Non tutti i compiti possono essere delegati, e la scelta del compito giusto è il primo passo. Considera l'importanza, la complessità e il livello di competenza richiesto per svolgere il compito.

- **Scegliere la persona giusta:** Conosci le competenze e i punti di forza del tuo team. Assegna il compito alla persona che ha le capacità, l'esperienza e l'interesse per svolgerlo al meglio.

- **Fornire istruzioni chiare:** Spiega chiaramente cosa deve essere fatto, i tempi, i risultati attesi e come verrà valutato il successo. Fornisci tutte le risorse necessarie e assicurati che la persona comprenda completamente il compito.

- **Stabilire un controllo periodico:** Non lasciare che il compito scorra senza supervisione. Stabilire momenti di controllo periodici permette di monitorare i progressi e di intervenire in caso di problemi.

- **Offrire supporto continuo:** Anche se hai delegato un compito, resta disponibile per domande o consigli. Il supporto non deve significare micro-gestione, ma essere pronti ad aiutare se necessario.

- **Dare autonomia e responsabilità:** Permetti alla persona di gestire il compito come ritiene più opportuno, mostrando fiducia nelle sue capacità. Concedere autonomia rafforza la fiducia e la motivazione.

4. Le sfide della delega e come superarle

Delegare può sembrare semplice, ma può presentare diverse sfide. Molti leader faticano a delegare per paura di perdere il controllo o perché credono che nessuno possa fare il lavoro meglio di loro.

- **Paura di perdere il controllo:** Alcuni leader esitano a delegare perché temono che il lavoro non venga svolto secondo i loro standard. Per superare questa sfida, è importante ricordare che delegare non significa abdicare alla responsabilità, ma condividere il carico.

- **Difficoltà a fidarsi:** La mancanza di fiducia nelle capacità del team può ostacolare la delega. Investire nel training e nello sviluppo del team può aiutare a costruire questa fiducia.

- **La tentazione di micro-gestire:** Un errore comune è quello di assegnare un compito e poi cercare di controllare ogni singolo dettaglio. Questo comportamento può demotivare i membri del team e vanificare i benefici della delega.

- **Paura di essere rimpiazzati:** Alcuni leader temono che delegare compiti importanti possa minacciare la loro posizione o ridurre la loro importanza nell'organizzazione. In realtà, delegare efficacemente dimostra fiducia, competenza e capacità di leadership.

Come superare le sfide della delega:

- **Coltivare una cultura della fiducia:** Incoraggia la trasparenza e la comunicazione aperta nel team. Costruire relazioni basate sulla fiducia facilita il processo di delega.

- **Formare e sviluppare il team:** Investi nel training e nello sviluppo professionale dei membri del team per assicurarti che abbiano le competenze necessarie per svolgere i compiti delegati.

- **Focalizzarsi sui risultati, non sul processo:** Quando deleghi, concentrati sui risultati finali piuttosto che su come il compito viene svolto. Questo incoraggia l'innovazione e l'autonomia.

- **Riconoscere i successi:** Riconosci e celebra i successi del team quando completano con successo i compiti delegati. Questo rafforza la fiducia e la motivazione.

5. Benefici a lungo termine della delega

Quando un leader delega efficacemente, i benefici si estendono ben oltre la singola attività completata. La delega promuove la crescita individuale e organizzativa, contribuisce a creare un ambiente di lavoro più collaborativo e resiliente, e prepara l'organizzazione per il futuro.

Benefici principali:

- **Crescita del team:** Delegare compiti sfidanti aiuta i membri del team a sviluppare nuove competenze e ad assumere maggiori responsabilità, preparando la prossima generazione di leader.

- **Aumento della produttività:** Con una delega efficace, le attività vengono completate in modo più efficiente, liberando tempo per il leader per concentrarsi su compiti più strategici.

- **Miglioramento della soddisfazione lavorativa:** I membri del team che ricevono compiti interessanti e stimolanti tendono a essere più motivati e soddisfatti del proprio lavoro.

- **Resilienza organizzativa:** Un'organizzazione che pratica la delega efficace è più preparata ad affrontare cambiamenti o crisi, poiché la responsabilità e le competenze sono distribuite più equamente.

6. Conclusioni

Delegare è una competenza essenziale per qualsiasi leader che desideri gestire efficacemente le proprie responsabilità e, al contempo, favorire lo sviluppo del proprio team. È una pratica che richiede fiducia, comunicazione chiara e la capacità di riconoscere il potenziale negli altri. Delegando in modo efficace, i leader non solo migliorano la propria produttività e quella dell'organizzazione, ma preparano anche il terreno per il successo futuro, creando un ambiente di lavoro in cui la crescita e l'innovazione sono al centro.

Gestire lo stress

"NON È LO STRESS CHE CI UCCIDE, È LA NOSTRA REAZIONE AD ESSO." —
Hans Selye

Lo stress è una componente inevitabile della vita, specialmente per chi ricopre ruoli di leadership. La capacità di gestire lo stress in modo efficace è essenziale non solo per la salute e il benessere personale, ma anche per la capacità di prendere decisioni chiare, guidare il team e mantenere un ambiente di lavoro positivo. Questo paragrafo esplora l'importanza della gestione dello stress per i leader, le strategie pratiche per far fronte allo stress e come sviluppare la resilienza.

1. Comprendere lo stress

Prima di poter gestire efficacemente lo stress, è fondamentale comprenderne la natura. Lo stress è una risposta psicologica e fisiologica a situazioni percepite come minacciose o sfidanti. Esso può derivare da numerosi fattori, tra cui carichi di lavoro eccessivi, scadenze serrate, conflitti interpersonali o la pressione di prendere decisioni importanti.

Tipi di stress:

- **Stress acuto:** Si verifica in risposta a una specifica sfida o evento, come una scadenza imminente. È generalmente di breve durata ma può essere intenso.

- **Stress cronico:** Deriva da situazioni prolungate di pressione, come un ambiente di lavoro tossico o la mancanza di risorse per affrontare le richieste lavorative. Questo tipo di stress può avere effetti dannosi a lungo termine sulla salute fisica e mentale.

Impatto dello stress sul corpo e sulla mente:

- **Effetti fisici:** Mal di testa, tensione muscolare, problemi digestivi, affaticamento e insonnia.

- **Effetti psicologici:** Ansia, irritabilità, difficoltà di concentrazione, e, in casi estremi, burnout.

2. L'importanza della gestione dello stress per i leader

Per un leader, lo stress non è solo un problema personale, ma può avere ripercussioni significative sull'intero team e sull'organizzazione. Un leader stressato può diventare meno efficace nel prendere decisioni, comunicare in modo meno chiaro e, in alcuni casi, trasmettere il proprio stress al team.

Conseguenze dello stress mal gestito:

- **Decisone-making compromesso:** Sotto stress, è più difficile valutare le opzioni con chiarezza e prendere decisioni ponderate.

- **Diminuzione della produttività:** Lo stress può ridurre la capacità di concentrazione e rallentare l'esecuzione dei compiti.

- **Impatto sulle relazioni:** Un leader stressato può diventare meno paziente o più conflittuale, danneggiando le relazioni con il team.

- **Esempio negativo:** I membri del team possono prendere il comportamento del leader come modello, replicando reazioni negative allo stress.

D'altro canto, un leader che sa gestire lo stress dimostra resilienza, una qualità che ispira fiducia e stabilità nel team. La capacità di rimanere calmi sotto pressione è una caratteristica distintiva dei grandi leader.

3. Strategie per la gestione dello stress

Gestire lo stress richiede un approccio proattivo e multifocale. Non esiste una soluzione unica, poiché lo stress può avere molte cause diverse e colpire in vari modi. Tuttavia, ci sono diverse strategie che i leader possono utilizzare per affrontare e mitigare lo stress.

1. Identificare le fonti di stress:

- **Autovalutazione:** Prenditi il tempo per riflettere sulle situazioni o sui compiti che ti causano maggiore stress. Questo ti aiuterà a riconoscere i pattern e a sviluppare strategie specifiche per affrontarli.

- **Tenere un diario dello stress:** Annotare i momenti di maggiore tensione può rivelare le fonti di stress ricorrenti e permetterti di gestirle meglio.

2. Tecniche di rilassamento e mindfulness:

- **Respirazione profonda:** Prendersi dei momenti per respirare profondamente può ridurre immediatamente la tensione fisica e mentale.

- **Mindfulness:** Pratiche come la meditazione e la mindfulness possono aiutare a rimanere presenti e ridurre l'ansia legata al futuro o ai rimpianti del passato.

- **Attività fisica regolare:** L'esercizio fisico è un potente antistress naturale. Aiuta a rilasciare endorfine e a ridurre i livelli di cortisolo, l'ormone dello stress.

3. Gestione del tempo e delle priorità:

- **Stabilire priorità chiare:** Spesso lo stress deriva dal tentativo di gestire troppe cose contemporaneamente. Stabilire quali compiti sono veramente importanti può ridurre significativamente lo stress.

- **Delegare:** Come discusso nel paragrafo precedente, la delega efficace riduce il carico di lavoro e, di conseguenza, lo stress.

- **Pianificazione preventiva:** Organizzare il proprio lavoro in modo efficiente e prevedere margini di tempo per gli imprevisti può prevenire situazioni stressanti.

4. Supporto sociale:

- **Cercare supporto:** Parlare con colleghi, amici o un mentore può aiutare a vedere le cose da una prospettiva diversa e ridurre il senso di isolamento.

- **Costruire una rete di supporto:** Circondarsi di persone di fiducia all'interno e all'esterno dell'ambiente di lavoro può fornire un sostegno prezioso nei momenti di difficoltà.

5. Adottare una mentalità resiliente:

- **Accettare che lo stress fa parte della vita:** Riconoscere che lo stress è inevitabile e imparare a vederlo come una sfida piuttosto che come un problema può trasformare il modo in cui lo affronti.

- **Focalizzarsi su ciò che puoi controllare:** Molto stress deriva dal preoccuparsi di cose fuori dal proprio controllo. Concentrarsi su ciò che puoi effettivamente influenzare è un modo efficace per ridurre l'ansia.

- **Imparare dai fallimenti:** Considera ogni errore come un'opportunità di crescita piuttosto che una catastrofe. Questo atteggiamento riduce lo stress legato alla paura di fallire.

4. La gestione dello stress nel team

Oltre a gestire il proprio stress, un leader deve anche saper riconoscere e affrontare lo stress all'interno del proprio team. Un ambiente di lavoro stressante può compromettere la produttività e il morale, portando a un aumento del turnover e a una riduzione della qualità del lavoro.

Come aiutare il team a gestire lo stress:

- **Creare un ambiente di lavoro positivo:** Promuovere un ambiente di lavoro in cui il team si senta supportato e valorizzato è fondamentale per ridurre lo stress.

- **Flessibilità:** Offrire flessibilità nelle ore di lavoro o la possibilità di lavorare da remoto può aiutare i membri del team a bilanciare meglio le responsabilità lavorative e personali.

- **Supporto psicologico:** Considera l'idea di offrire accesso a servizi di consulenza o coaching per aiutare i membri del team a gestire lo stress.

- **Comunicazione aperta:** Incoraggia una comunicazione aperta e onesta, in cui i membri del team si sentano liberi di esprimere le proprie preoccupazioni senza timore di ripercussioni.

5. Benefici a lungo termine della gestione efficace dello stress

Una gestione efficace dello stress non solo migliora la qualità della vita di un leader, ma ha anche impatti positivi duraturi sull'organizzazione. I leader che sanno gestire lo stress sono più resilienti, prendono decisioni migliori e sono più efficaci nel guidare il proprio team.

Vantaggi principali:

- **Miglioramento della salute mentale e fisica:** Una buona gestione dello stress riduce il rischio di burnout, ansia e problemi di salute legati allo stress.

- **Miglioramento della qualità delle decisioni:** Quando lo stress è sotto controllo, è più facile valutare le opzioni in modo obiettivo e prendere decisioni ponderate.

- **Aumento della produttività e del morale:** Un leader che gestisce lo stress in modo efficace crea un ambiente di lavoro positivo, dove i membri del team possono operare al meglio delle loro capacità.

- **Fiducia e rispetto:** Un leader che affronta lo stress con calma e compostezza guadagna la fiducia e il rispetto del proprio team.

6. Conclusioni

Gestire lo stress è una delle competenze più importanti per un leader. Non si tratta solo di evitare il burnout, ma di creare un ambiente di lavoro in cui sia il leader che il team possano prosperare. Attraverso l'adozione di tecniche di gestione dello stress, lo sviluppo di una mentalità resiliente e il supporto del team, i leader possono non solo migliorare la propria qualità della vita, ma anche potenziare l'efficacia complessiva dell'organizzazione. Lo stress è inevitabile, ma con le giuste strategie, può essere gestito in modo da diventare una forza motrice per la crescita personale e professionale.

Evitare il multitasking

"IL MULTITASKING È LA POSSIBILITÀ DI FARE PIÙ COSE MALE CONTEMPORANEAMENTE." – Steve Uzzell

Nel mondo odierno, il multitasking è spesso visto come una competenza desiderabile, un segno di efficienza e produttività. Tuttavia, numerose ricerche indicano che il multitasking non solo riduce la qualità del lavoro svolto, ma può anche aumentare lo stress e compromettere la salute mentale a lungo termine. In questo paragrafo, esploreremo i miti e le realtà del multitasking, i suoi effetti sulla produttività e sul benessere, e le strategie per evitare questa trappola comune.

1. Il mito del multitasking

Il concetto di multitasking, che implica l'esecuzione simultanea di più attività, è diventato popolare negli ultimi decenni, soprattutto con l'avvento della tecnologia digitale. Spesso viene promosso come un modo per fare di più in meno tempo. Tuttavia, questa percezione è in gran parte un mito.

La realtà del multitasking:

- **Attenzione divisa:** Il cervello umano non è progettato per concentrare l'attenzione su più compiti complessi allo stesso tempo. Ciò che in realtà facciamo quando "multitaskiamo" è passare rapidamente da un'attività all'altra, un processo noto come "switching".

- **Riduzione dell'efficienza:** Ogni volta che passiamo da un'attività all'altra, il nostro cervello deve riadattarsi, il che comporta un costo cognitivo. Questo continuo passaggio tra attività può portare a una perdita di tempo e a una riduzione dell'efficienza complessiva.

- **Errori aumentati:** Con l'attenzione frammentata, aumentano le probabilità di commettere errori. Gli studi dimostrano che il multitasking può ridurre significativamente la precisione con cui vengono svolte le attività.

2. Gli effetti negativi del multitasking

Il multitasking non è solo inefficace, ma può avere anche effetti dannosi sia a livello personale che professionale. I leader, in particolare, devono essere consapevoli di questi rischi poiché le loro decisioni e azioni hanno un impatto diretto sul team e sull'organizzazione.

- **Caldo Cognitivo:**
  - **Affaticamento mentale:** Il continuo passaggio tra compiti provoca un aumento dello sforzo mentale. Questo affaticamento può portare a decisioni affrettate e a un'esecuzione di bassa qualità.
  - **Riduzione della creatività:** Il multitasking limita la capacità di riflessione profonda, necessaria per la creatività e la risoluzione dei problemi complessi.
- **Produttività Compromessa:**
  - **Perdita di tempo:** Il tempo impiegato a riadattarsi dopo ogni interruzione si accumula,

portando a una significativa perdita di tempo. Alcuni studi suggeriscono che il multitasking può ridurre la produttività fino al 40%.

- o **Diminuzione della qualità del lavoro:** Con meno attenzione dedicata a ogni singola attività, la qualità del lavoro inevitabilmente ne risente. Questo può portare a risultati insoddisfacenti e a un aumento della necessità di revisione e correzione.

- **Impatto Sulla Salute Mentale:**

  - o **Stress aumentato:** Il tentativo di gestire più compiti contemporaneamente può creare una sensazione di sopraffazione, che aumenta lo stress.

  - o **Burnout:** L'accumulo di stress dovuto al multitasking prolungato può contribuire al burnout, una condizione caratterizzata da esaurimento fisico ed emotivo, cinismo e ridotta efficacia professionale.

3. Il multitasking nei contesti di leadership

Per i leader, il multitasking può essere particolarmente insidioso. In un ruolo dove la chiarezza decisionale, la comunicazione efficace e la capacità di ispirare gli altri sono cruciali, il multitasking può compromettere la capacità di guidare in modo efficace.

Effetti specifici del multitasking per i leader:

- **Comunicazione inefficace:** Tentare di comunicare mentre si svolgono altre attività può portare a malintesi, decisioni poco chiare e un aumento del conflitto all'interno del team.

- **Riduzione della presenza:** I leader che multitaskano spesso appaiono meno presenti e coinvolti, il che può minare la fiducia e il rispetto del team.

- **Decision-making compromesso:** Le decisioni importanti richiedono concentrazione e riflessione. Il multitasking riduce la capacità di considerare tutte le opzioni e di prendere decisioni ben ponderate.

4. Strategie per evitare il multitasking

Evitare il multitasking richiede una combinazione di consapevolezza, disciplina e l'adozione di strategie mirate. Ecco alcune pratiche che i leader possono utilizzare per mantenere la concentrazione e migliorare la produttività.

- **Prioritizzare le attività:**

  - **Lista delle priorità:** Creare una lista di attività in ordine di importanza e urgenza aiuta a mantenere il focus su ciò che è davvero essenziale.

  - **Tecnica del "blocco di tempo":** Assegnare blocchi di tempo dedicati a singole attività può ridurre la tentazione di passare da un compito all'altro.

- **Ridurre le distrazioni:**

  o **Ambiente di lavoro ottimizzato:** Creare un ambiente di lavoro privo di distrazioni è fondamentale. Questo può includere la chiusura delle notifiche del computer e del telefono durante i periodi di lavoro intensivo.

  o **Regole di comunicazione:** Stabilire periodi di tempo specifici per rispondere a email e chiamate, piuttosto che farlo continuamente, può aiutare a mantenere la concentrazione.

- **Adottare un approccio mindfulness:**

  o **Mindfulness:** Pratiche di mindfulness, come la meditazione, possono aiutare a sviluppare una maggiore consapevolezza e a concentrarsi meglio su una singola attività alla volta.

  o **Focalizzazione intenzionale:** Iniziare ogni attività con un momento di focalizzazione intenzionale, stabilendo un obiettivo chiaro per ciò che si desidera ottenere.

- **Utilizzare strumenti e tecniche di produttività:**

  o **Tecnica del Pomodoro:** Questa tecnica prevede di lavorare in blocchi di tempo di 25 minuti (Pomodori), seguiti da una breve pausa. Questo metodo può aiutare a mantenere la concentrazione e prevenire il burnout.

o **Software di gestione del tempo:** Utilizzare strumenti digitali che bloccano le distrazioni e aiutano a tracciare il tempo speso su ogni attività può essere molto utile.

5. Benefici del lavoro focalizzato

Abbandonare il multitasking in favore di un lavoro più focalizzato e organizzato può portare a significativi miglioramenti in termini di produttività, qualità del lavoro e benessere personale. Quando si dedica il giusto tempo e attenzione a un'attività specifica, i risultati tendono a essere migliori e l'intero processo diventa più soddisfacente.

Vantaggi principali del lavoro focalizzato:

- **Miglioramento della qualità del lavoro:** Con maggiore attenzione, il lavoro è più accurato e richiede meno revisioni.

- **Maggiore efficienza:** Lavorare su un'attività alla volta riduce il tempo complessivo necessario per completare le attività, migliorando l'efficienza.

- **Miglior benessere:** La riduzione dello stress legato al multitasking può portare a un miglioramento significativo del benessere mentale e fisico.

6. Conclusioni

Evitare il multitasking è una delle chiavi per diventare un leader più efficace e mantenere un livello ottimale di produttività e benessere. Riconoscere i limiti del cervello umano e adottare strategie che promuovono il lavoro focalizzato può non solo migliorare la qualità del lavoro, ma anche contribuire a un ambiente di lavoro più positivo e meno stressante. In definitiva, il passaggio da una mentalità di multitasking a un approccio più consapevole e organizzato può portare a una leadership più forte e a una vita professionale più soddisfacente.

Parte II: Guidare gli altri

Capitolo 7: Creare una visione e una strategia

Stabilire una direzione chiara

"LA CHIAREZZA DELLA VISIONE È LA CHIAVE PER RAGGIUNGERE I TUOI OBIETTIVI." – John C. Maxwell

Uno degli aspetti fondamentali della leadership è la capacità di stabilire una direzione chiara per l'organizzazione o il team. Questo concetto è essenziale per il successo a lungo termine, poiché offre una rotta precisa che tutti i membri possono seguire, allineando i loro sforzi verso obiettivi comuni. Senza una direzione chiara, anche i team più talentuosi possono perdere coesione, energia e motivazione. In questo paragrafo, esploreremo l'importanza di stabilire una direzione chiara, i passi chiave per farlo efficacemente e le competenze necessarie per mantenere il team orientato verso il successo.

1. L'importanza di una direzione chiara

Stabilire una direzione chiara non è solo un segno distintivo di una leadership forte, ma è anche cruciale per mantenere l'organizzazione focalizzata e resiliente di fronte alle sfide. Una direzione chiara:

- **Offre un senso di scopo:** Quando un leader stabilisce una direzione chiara, fornisce al team un senso di scopo. Ogni membro sa perché sta lavorando e come il proprio contributo si inserisce nel quadro generale.

- **Favorisce l'allineamento:** Una direzione ben definita aiuta a garantire che tutti i membri del team lavorino verso gli stessi obiettivi. Questo allineamento riduce i conflitti interni e migliora la coesione del team.

- **Aumenta la motivazione:** Quando i dipendenti comprendono chiaramente la visione e la strategia dell'organizzazione, sono più motivati a dare il meglio di sé. Sanno che i loro sforzi sono significativi e contribuiscono al successo complessivo.

- **Guida il processo decisionale:** Una direzione chiara funge da bussola per il processo decisionale, rendendo più facile per i leader e i membri del team prendere decisioni che siano coerenti con gli obiettivi strategici dell'organizzazione.

2. I passi per stabilire una direzione chiara

Stabilire una direzione chiara richiede una riflessione approfondita e una comunicazione efficace. Ecco i principali passi da seguire:

1. Definire la visione e la missione:

- **Visione:** La visione è un'immagine del futuro che l'organizzazione vuole creare. Deve essere ispiratrice e ambiziosa, ma anche realistica. La visione risponde alla domanda: "Dove vogliamo andare?"

- **Missione:** La missione descrive il motivo per cui l'organizzazione esiste e cosa si propone di realizzare. La missione è più concreta della visione e risponde alla domanda: "Cosa facciamo e perché lo facciamo?"

2. Analizzare l'ambiente interno ed esterno:

- **Analisi SWOT:** Condurre un'analisi SWOT (punti di forza, debolezze, opportunità e minacce) aiuta a comprendere le capacità interne dell'organizzazione e le sfide e opportunità esterne. Questo passaggio è fondamentale per identificare dove concentrare gli sforzi.

- **Trend del settore:** Esaminare i trend del settore e le dinamiche di mercato aiuta a identificare le opportunità future e le potenziali minacce che potrebbero influenzare la direzione strategica.

3. Stabilire obiettivi strategici:

- **Obiettivi SMART:** Gli obiettivi devono essere Specifici, Misurabili, Raggiungibili, Rilevanti e Temporizzati. Gli obiettivi SMART aiutano a tradurre la visione e la missione in traguardi concreti e raggiungibili.

- **Allineamento degli obiettivi:** È importante che gli obiettivi individuali e di team siano allineati con gli obiettivi strategici dell'organizzazione. Questo assicura che tutti stiano lavorando nella stessa direzione.

4. Sviluppare un piano d'azione:

- **Prioritizzazione:** Identificare le azioni più importanti che devono essere intraprese per raggiungere gli obiettivi strategici. Stabilire priorità aiuta a concentrare le risorse su ciò che è veramente cruciale.

- **Assegnazione delle responsabilità:** Chiarire chi è responsabile di ogni parte del piano d'azione e assicurarsi che tutti i membri del team comprendano il proprio ruolo nel raggiungimento degli obiettivi.

5. Comunicazione della direzione:

- **Comunicazione chiara e coerente:** Una volta stabilita la direzione, è fondamentale comunicarla in modo chiaro e coerente a tutti i livelli dell'organizzazione. La comunicazione deve essere trasparente e continua per mantenere il team allineato e motivato.

- **Feedback e coinvolgimento:** Coinvolgere i membri del team nella definizione della direzione e raccogliere feedback continuo aiuta a garantire che tutti si sentano parte del processo e siano motivati a contribuire al successo comune.

3. Competenze necessarie per stabilire e mantenere una direzione chiara

Stabilire una direzione chiara richiede un insieme di competenze che i leader devono sviluppare e affinare:

1. Visione strategica:

- **Pensiero a lungo termine:** I leader devono essere in grado di vedere oltre le preoccupazioni immediate e immaginare come sarà il futuro dell'organizzazione. Questo richiede la capacità di pensare in modo strategico e di anticipare i cambiamenti nel mercato e nella società.

- **Capacità di sintesi:** I leader devono essere in grado di sintetizzare una grande quantità di informazioni e di concentrarsi sugli elementi essenziali che guideranno il successo dell'organizzazione.

2. Comunicazione efficace:

- **Chiarezza e persuasione:** Comunicare la direzione richiede chiarezza e la capacità di persuadere gli altri della validità della visione e degli obiettivi. I leader devono essere abili nel trasmettere idee in modo che siano facilmente comprese e accettate.

- **Empatia:** Comprendere le preoccupazioni e le aspettative del team è fondamentale per comunicare una direzione che sia realmente condivisa. I leader empatici sono più capaci di costruire il consenso e di ispirare il loro team.

3. Resilienza e adattabilità:

- **Flessibilità:** Sebbene sia importante stabilire una direzione chiara, i leader devono essere pronti ad adattarsi ai cambiamenti imprevisti e a rivedere la strategia quando necessario.

- **Determinazione:** Mantenere la rotta di fronte alle difficoltà richiede determinazione e forza di volontà. I leader devono essere un esempio di resilienza per il loro team, mostrando che credono nella visione anche nei momenti difficili.

4. Capacità decisionale:

- **Analisi critica:** I leader devono essere capaci di analizzare le informazioni in modo critico e prendere decisioni basate su dati e intuizioni strategiche.

- **Coraggio decisionale:** Non tutte le decisioni saranno facili, ma è compito del leader prendere le decisioni difficili quando necessario, mantenendo comunque la direzione stabilita.

4. Mantenere la direzione nel lungo termine

Una volta stabilita, mantenere una direzione chiara richiede uno sforzo costante. I leader devono continuare a monitorare il progresso verso gli obiettivi, fare aggiustamenti quando necessario e mantenere alta la motivazione del team.

1. Monitoraggio e valutazione:

- **Indicatori di performance:** Utilizzare indicatori di performance chiari per monitorare i progressi verso gli obiettivi strategici. Questi indicatori devono essere regolarmente rivisti per assicurarsi che l'organizzazione sia sulla buona strada.

- **Revisione periodica:** Rivedere periodicamente la direzione e gli obiettivi per garantire che rimangano rilevanti e raggiungibili alla luce delle condizioni mutevoli.

2. Comunicazione continua:

- **Aggiornamenti regolari:** Mantenere il team informato sui progressi e sugli eventuali cambiamenti nella strategia. La comunicazione regolare aiuta a mantenere l'allineamento e a evitare incomprensioni.

- **Celebration dei successi:** Riconoscere e celebrare i successi raggiunti lungo la strada mantiene alta la motivazione e rinforza la fiducia del team nella direzione stabilita.

3. Mantenere il focus e l'energia:

- **Evitare la dispersione:** Mantenere il focus sulle priorità strategiche e resistere alla tentazione di deviare su iniziative che non sono in linea con la direzione stabilita.

- **Energie rinnovate:** Promuovere un ambiente di lavoro che sostenga il benessere dei membri del team e che eviti il burnout. Un team energico e motivato è essenziale per mantenere la direzione nel lungo termine.

5. Conclusione

Stabilire una direzione chiara è uno dei compiti più importanti e impegnativi per un leader. Richiede una combinazione di visione, comunicazione, resilienza e capacità decisionale. Una direzione ben definita non solo guida l'organizzazione verso il successo, ma crea anche un ambiente in cui i membri del team possono lavorare in modo coeso, motivato e orientato agli obiettivi. Mantenere questa direzione nel lungo termine è altrettanto cruciale e richiede un monitoraggio costante, adattabilità e una comunicazione continua. In definitiva, un leader capace di stabilire e mantenere una direzione chiara non solo porta l'organizzazione al successo, ma ispira e motiva il suo team a raggiungere risultati straordinari.

Allineare gli obiettivi

Allineare gli obiettivi all'interno di un'organizzazione è un processo cruciale per garantire che tutti i livelli, dai dirigenti ai dipendenti, lavorino verso un comune scopo strategico. Questo allineamento non solo migliora la coesione e l'efficacia operativa, ma è anche fondamentale per il successo a lungo termine dell'organizzazione. In questo paragrafo, esploreremo l'importanza dell'allineamento degli obiettivi, i metodi per raggiungerlo e le competenze necessarie per mantenerlo.

1. L'importanza dell'allineamento degli obiettivi

L'allineamento degli obiettivi è essenziale per creare un'organizzazione armoniosa e orientata ai risultati. Quando gli obiettivi di tutti i dipartimenti, team e individui sono allineati con la visione e la missione dell'organizzazione, si ottengono numerosi vantaggi:

- **Coerenza strategica:** Tutte le azioni intraprese all'interno dell'organizzazione sono orientate verso un'unica direzione strategica. Questo assicura che le risorse vengano utilizzate in modo efficiente e che gli sforzi non siano duplicati o contraddittori.

- **Miglioramento delle performance:** Un allineamento chiaro degli obiettivi aiuta a migliorare le performance individuali e di squadra, poiché tutti sono consapevoli delle priorità e delle aspettative. Questo porta a una maggiore produttività e a un miglioramento dei risultati complessivi.

- **Motivazione e coinvolgimento:** Quando i dipendenti vedono un chiaro collegamento tra i propri obiettivi e quelli dell'organizzazione, sono più motivati e coinvolti. Sanno che il loro lavoro contribuisce direttamente al successo dell'intera organizzazione, il che aumenta il loro senso di responsabilità e soddisfazione lavorativa.

- **Facilità nel prendere decisioni:** Con obiettivi allineati, prendere decisioni diventa più semplice, poiché le scelte possono essere valutate in base a quanto contribuiscono agli obiettivi strategici. Questo riduce l'incertezza e velocizza il processo decisionale.

2. I passi per allineare gli obiettivi

Allineare gli obiettivi richiede un approccio metodico e una comunicazione efficace. Di seguito sono descritti i passi fondamentali per raggiungere questo allineamento:

1. Definire obiettivi chiari a livello organizzativo:

- **Obiettivi strategici:** La leadership deve iniziare definendo chiaramente gli obiettivi strategici a lungo termine dell'organizzazione. Questi obiettivi devono essere specifici, misurabili, raggiungibili, rilevanti e temporizzati (SMART) e devono riflettere la visione e la missione dell'organizzazione.

- **Comunicazione degli obiettivi:** Una volta definiti, è fondamentale comunicare questi obiettivi in modo chiaro a tutta l'organizzazione. Tutti devono comprendere la direzione generale e come il loro lavoro contribuisce al raggiungimento di questi obiettivi.

2. Tradurre gli obiettivi strategici in obiettivi operativi:

- **Obiettivi di dipartimento:** Gli obiettivi strategici devono essere suddivisi in obiettivi specifici per ciascun dipartimento o unità. Questo permette a ogni area funzionale di sapere esattamente cosa deve fare per contribuire agli obiettivi generali.

- **Obiettivi di team e individuali:** A livello di team e individuale, gli obiettivi devono essere ulteriormente dettagliati. Ogni membro del team deve avere chiaro quali sono i suoi obiettivi e come questi si collegano agli obiettivi del team e, più in generale, dell'organizzazione.

3. Assicurare la coerenza tra gli obiettivi:

- **Verifica dell'allineamento:** È importante verificare regolarmente che gli obiettivi a tutti i livelli siano coerenti tra loro. Questo può essere fatto attraverso riunioni di allineamento, revisioni degli obiettivi e feedback continuo.

- **Adattamento continuo:** Gli obiettivi devono essere adattati in base ai cambiamenti interni o esterni. Se l'organizzazione deve cambiare direzione strategica, gli obiettivi a tutti i livelli devono essere rivisti per garantire che rimangano allineati.

4. Implementare strumenti e processi per il monitoraggio:

- **Indicatori di performance chiave (KPI):** Utilizzare KPI per monitorare i progressi verso gli obiettivi a ogni livello. I KPI devono essere allineati agli obiettivi strategici e devono fornire un feedback tempestivo su come l'organizzazione sta avanzando.

- **Software di gestione degli obiettivi:** Implementare strumenti tecnologici che facilitino il monitoraggio e l'allineamento degli obiettivi. Questi strumenti possono aiutare a visualizzare come gli obiettivi individuali si collegano a quelli strategici e a monitorare i progressi in tempo reale.

3. Competenze necessarie per allineare e mantenere gli obiettivi

L'allineamento degli obiettivi richiede un insieme specifico di competenze da parte dei leader:

1. Visione strategica e pensiero sistemico:

- **Comprendere il quadro generale:** I leader devono essere in grado di vedere l'organizzazione come un sistema integrato, comprendendo come le diverse parti interagiscono e come gli obiettivi a vari livelli si interconnettono.

- **Prevedere l'impatto delle decisioni:** È importante considerare come le decisioni a livello operativo possano influenzare gli obiettivi strategici e viceversa. Questo richiede la capacità di pensare in modo critico e di anticipare le conseguenze delle azioni.

2. Comunicazione efficace:

- **Chiarezza nella comunicazione:** I leader devono essere abili nel comunicare gli obiettivi in modo chiaro e comprensibile a tutti i livelli dell'organizzazione. Devono anche essere capaci di ascoltare il feedback e di adattare il messaggio in base alle necessità.

- **Costruzione del consenso:** Per allineare gli obiettivi, i leader devono saper costruire consenso attorno agli obiettivi strategici, coinvolgendo i dipendenti nel processo di definizione degli obiettivi e assicurandosi che comprendano e accettino il loro ruolo.

3. Capacità di monitoraggio e adattamento:

- **Monitoraggio continuo:** I leader devono essere proattivi nel monitorare i progressi verso gli obiettivi e nel rilevare eventuali disallineamenti. Questo richiede la capacità di analizzare i dati e di prendere decisioni basate su prove concrete.

- **Flessibilità e adattabilità:** In un ambiente in continua evoluzione, i leader devono essere flessibili e pronti a rivedere e adattare gli obiettivi in risposta a nuove sfide e opportunità.

4. Capacità di ispirare e motivare:

- **Incoraggiamento e supporto:** I leader devono essere in grado di motivare il loro team, mostrando come gli obiettivi individuali contribuiscono al successo complessivo. Questo richiede empatia, riconoscimento dei successi e capacità di mantenere alta la motivazione.

- **Creazione di un senso di appartenenza:** I leader devono lavorare per creare un senso di appartenenza e di impegno verso gli obiettivi comuni, facendo sentire ogni membro del team parte integrante del successo dell'organizzazione.

4. Mantenere l'allineamento degli obiettivi nel tempo

Mantenere l'allineamento degli obiettivi richiede un impegno costante. Anche quando gli obiettivi iniziali sono ben allineati, è necessario lavorare per mantenere questa coerenza nel tempo, specialmente in un contesto dinamico come quello odierno.

1. Revisione periodica degli obiettivi:

- **Riunioni di revisione:** Organizzare riunioni periodiche per rivedere gli obiettivi e il loro allineamento. Queste riunioni dovrebbero coinvolgere tutti i livelli dell'organizzazione e fornire un'opportunità per discutere eventuali necessità di aggiustamento.

- **Aggiornamenti strategici:** Adattare la strategia e gli obiettivi in risposta ai cambiamenti nel mercato, nelle tecnologie o nelle priorità dell'organizzazione. Questo assicura che l'organizzazione rimanga agile e reattiva.

2. Sostenere una cultura dell'allineamento:

- **Cultura della trasparenza:** Promuovere una cultura in cui la trasparenza e la comunicazione aperta sono valorizzate. Quando tutti sono informati sugli obiettivi strategici e operativi, è più facile mantenere l'allineamento.

- **Valorizzazione del contributo individuale:** Riconoscere e premiare i dipendenti che lavorano in modo allineato agli obiettivi dell'organizzazione. Questo rafforza il comportamento desiderato e incoraggia gli altri a seguire l'esempio.

3. Coinvolgimento continuo del team:

- **Partecipazione attiva:** Coinvolgere i dipendenti nel processo di definizione degli obiettivi e raccogliere il loro feedback. Questo non solo migliora l'allineamento, ma aumenta anche il senso di proprietà e l'impegno verso gli obiettivi.

- **Formazione e sviluppo:** Offrire formazione continua per aiutare i dipendenti a comprendere meglio come allineare i loro obiettivi a quelli dell'organizzazione e come migliorare il loro contributo al successo complessivo.

In sintesi, l'allineamento degli obiettivi è un processo dinamico che richiede attenzione continua, comunicazione efficace e la capacità di adattarsi ai cambiamenti. Quando gestito correttamente, l'allineamento degli obiettivi non solo migliora le performance e la coesione all'interno dell'organizzazione, ma contribuisce anche a creare un ambiente di lavoro più motivato, efficiente e orientato al successo a lungo termine.

Motivare il team

La motivazione del team è una delle responsabilità più critiche di un leader. Un team motivato è più produttivo, innovativo e resiliente di fronte alle sfide, ed è anche più propenso a collaborare e a mantenere un alto livello di qualità nel proprio lavoro. In questo paragrafo, esploreremo le diverse strategie che un leader può utilizzare per motivare il proprio team, i fattori che influenzano la motivazione, e l'importanza di un ambiente di lavoro positivo e stimolante.

1. L'importanza della motivazione nel team

La motivazione è il carburante che spinge i membri di un team a dare il meglio di sé. Un team motivato non solo raggiunge gli obiettivi con maggiore efficienza, ma spesso li supera, andando oltre le aspettative. Ecco perché la motivazione è essenziale:

- **Aumento della produttività:** Un team motivato lavora con più impegno e dedizione, portando a una maggiore produttività. I membri del team sono più propensi a investire tempo ed energia nelle attività quotidiane, migliorando così l'efficienza complessiva.

- **Miglioramento della qualità del lavoro:** Quando i membri di un team sono motivati, sono più attenti ai dettagli e si impegnano a fornire un lavoro di alta qualità. Questo porta a risultati migliori e a un minore bisogno di correzioni e revisioni.

- **Crescita e innovazione:** Un ambiente motivante favorisce la creatività e l'innovazione. I membri del team si sentono liberi di proporre nuove idee e di sperimentare soluzioni innovative, contribuendo al progresso e alla competitività dell'organizzazione.

- **Maggiore coesione del team:** La motivazione aiuta a creare un senso di appartenenza e coesione all'interno del team. I membri si sentono parte di un gruppo unito e condividono un obiettivo comune, il che rafforza i legami e la collaborazione.

2. Fattori che influenzano la motivazione

Diversi fattori possono influenzare la motivazione di un team. Un leader efficace deve essere in grado di riconoscere e gestire questi fattori per mantenere alta la motivazione. Tra i principali troviamo:

1. Riconoscimento e apprezzamento:

- **Importanza del riconoscimento:** Il riconoscimento per un lavoro ben fatto è uno dei più potenti fattori motivanti. I membri del team desiderano sentirsi apprezzati per i loro sforzi e risultati. Questo non significa solo aumenti salariali o promozioni, ma anche riconoscimenti pubblici, feedback positivi e gratitudine espressa direttamente.

- **Personalizzazione del riconoscimento:** Ogni individuo è diverso, e ciò che motiva una persona potrebbe non avere lo stesso effetto su un'altra. Un leader deve essere in grado di personalizzare il riconoscimento in base alle preferenze e alle esigenze individuali.

2. Opportunità di crescita e sviluppo:

- **Formazione e sviluppo professionale:** Le opportunità di apprendere nuove competenze e crescere professionalmente sono forti motivatori. I membri del team devono vedere che c'è un percorso di crescita chiaro e che l'organizzazione investe nel loro sviluppo.

- **Sfide stimolanti:** Assegnare compiti e progetti che siano stimolanti e che permettano ai membri del team di uscire dalla loro zona di comfort può aumentare la motivazione. Queste sfide devono essere bilanciate, in modo che siano raggiungibili ma richiedano comunque uno sforzo significativo.

3. Autonomia e responsabilità:

- **Dare autonomia:** La possibilità di prendere decisioni e di avere un certo grado di controllo sul proprio lavoro è altamente motivante. Quando i membri del team si sentono responsabilizzati, tendono a essere più impegnati e a lavorare con maggiore dedizione.

- **Chiarezza nei ruoli:** Oltre all'autonomia, è fondamentale che i membri del team abbiano chiari i propri ruoli e responsabilità. Sapere esattamente cosa ci si aspetta da loro li aiuta a concentrarsi sugli obiettivi e a lavorare in modo più efficace.

4. Un ambiente di lavoro positivo:

- **Cultura aziendale:** La cultura aziendale gioca un ruolo cruciale nella motivazione. Un ambiente di lavoro che promuove la collaborazione, il rispetto reciproco e il benessere dei dipendenti crea un clima in cui le persone si sentono motivate a dare il meglio di sé.

- **Equilibrio vita-lavoro:** Un equilibrio sano tra vita personale e professionale è essenziale per mantenere alta la motivazione. I leader devono essere consapevoli delle esigenze personali dei loro team e cercare di facilitare un equilibrio che permetta ai membri di rimanere motivati e produttivi.

3. Strategie per motivare il team

Esistono diverse strategie che i leader possono utilizzare per motivare il loro team. Queste strategie possono essere adattate in base alle specifiche esigenze e caratteristiche del team:

1. Stabilire obiettivi chiari e raggiungibili:

- **Obiettivi SMART:** Gli obiettivi devono essere Specifici, Misurabili, Raggiungibili, Rilevanti e Temporizzati (SMART). Obiettivi chiari e ben definiti danno ai membri del team una direzione e uno scopo, il che aumenta la motivazione a lavorare per raggiungerli.

- **Allineamento con gli obiettivi personali:** Un leader deve cercare di allineare gli obiettivi organizzativi con gli obiettivi personali dei membri del team. Quando le persone vedono che raggiungere un obiettivo aziendale contribuisce anche ai loro obiettivi personali, la loro motivazione aumenta.

2. Comunicare in modo efficace e trasparente:

- **Comunicazione aperta:** Una comunicazione chiara e trasparente è essenziale per mantenere alta la motivazione. I leader devono essere disponibili e aperti al dialogo, ascoltando le preoccupazioni e le idee dei membri del team e fornendo feedback costruttivo.

- **Informazione tempestiva:** Condividere informazioni rilevanti e aggiornamenti tempestivi aiuta a mantenere i membri del team informati e allineati con gli obiettivi dell'organizzazione. Questo riduce l'incertezza e mantiene alta la motivazione.

3. Promuovere la collaborazione e il lavoro di squadra:

- **Costruzione di un team coeso:** Un team che lavora bene insieme è naturalmente più motivato. I leader devono promuovere attività di team building e creare un ambiente in cui la collaborazione sia incoraggiata e valorizzata.

- **Risolvere i conflitti in modo costruttivo:** I conflitti, se gestiti male, possono demotivare un team. Un leader deve intervenire prontamente per risolvere i conflitti in modo costruttivo, trasformandoli in opportunità di crescita e miglioramento.

4. Offrire incentivi e ricompense:

- **Incentivi materiali e immateriali:** Gli incentivi possono essere sia materiali (come bonus, premi e promozioni) sia immateriali (come riconoscimenti pubblici, opportunità di sviluppo personale e professionale). Un mix equilibrato di entrambi può essere molto efficace.

- **Personalizzazione delle ricompense:** Le ricompense devono essere personalizzate per essere realmente motivanti. Non tutti i membri del team sono motivati dalle stesse cose, quindi è importante conoscere le preferenze individuali.

5. Creare un senso di scopo e appartenenza:

- **Collegare il lavoro quotidiano alla missione dell'organizzazione:** Un leader deve fare in modo che i membri del team vedano il collegamento tra il loro lavoro quotidiano e la missione più ampia dell'organizzazione. Questo senso di scopo può essere un potente motivatore.

- **Costruire una cultura dell'appartenenza:** Promuovere un senso di appartenenza e comunità all'interno del team aiuta a mantenere alta la motivazione. I membri del team devono sentirsi parte di qualcosa di più grande e sapere che il loro contributo è apprezzato.

4. Monitorare e mantenere la motivazione nel tempo

Mantenere la motivazione alta non è un compito una tantum, ma richiede un monitoraggio continuo e interventi regolari:

1. Feedback regolare:

- **Sessioni di feedback:** Organizzare sessioni di feedback regolari è cruciale per mantenere la motivazione. Queste sessioni offrono l'opportunità di riconoscere i successi, affrontare le sfide e adattare le strategie motivazionali.

- **Feedback 360 gradi:** Il feedback deve provenire non solo dal leader, ma anche dai pari e dai subordinati. Questo approccio completo fornisce una visione più accurata della motivazione all'interno del team e delle aree che necessitano di miglioramento.

2. Adattamento delle strategie motivazionali:

- **Flessibilità e adattabilità:** Le esigenze e le motivazioni dei membri del team possono cambiare nel tempo. Un leader deve essere flessibile e pronto ad adattare le strategie motivazionali in base alle nuove circostanze e ai cambiamenti nel team.

- **Aggiornamento delle competenze di leadership:** Un leader deve continuare a sviluppare le proprie competenze, inclusa la capacità di motivare il team. Questo può includere la partecipazione a corsi di formazione, la lettura di letteratura pertinente e il confronto con altri leader.

3. Creare un ambiente di supporto continuo:

- **Supporto reciproco:** Un ambiente in cui i membri del team si supportano a vicenda contribuisce a mantenere alta la motivazione. Un leader deve promuovere una cultura di supporto reciproco e di collaborazione.

- **Fornire risorse adeguate:** È essenziale che i membri del team abbiano accesso alle risorse necessarie per svolgere il loro lavoro. La mancanza di risorse può essere un grande demotivatore, quindi il leader deve assicurarsi che il team sia sempre ben equipaggiato.

Conclusione

Motivare un team è un processo complesso e continuo, ma è fondamentale per il successo di qualsiasi organizzazione. Un leader deve essere in grado di riconoscere i fattori che influenzano la motivazione e di applicare strategie efficaci per mantenerla alta. Che si tratti di riconoscimento, opportunità di crescita, autonomia, o di creare un ambiente di lavoro positivo, ogni aspetto della motivazione richiede attenzione e cura costante. Solo così un team può raggiungere il suo massimo potenziale e contribuire al successo a lungo termine dell'organizzazione.

Capitolo 8: Costruire team ad alte prestazioni

Selezionare i giusti membri del team

"TROVA LE PERSONE GIUSTE, E TUTTO IL RESTO SI RISOLVERÀ DA SOLO."
– Tom Golisano

La costruzione di team ad alte prestazioni inizia con la selezione dei membri giusti. La scelta delle persone che compongono un team può determinare il successo o il fallimento di un progetto. Un leader deve essere in grado di identificare non solo le competenze tecniche necessarie, ma anche le qualità personali e interpersonali che favoriranno la coesione e l'efficienza del gruppo. In questo paragrafo, esamineremo le strategie e i criteri fondamentali per selezionare i membri del team ideali, evidenziando l'importanza di un processo di selezione accurato e ponderato.

1. Definire i requisiti del team

Prima di iniziare il processo di selezione, è fondamentale avere una chiara comprensione delle esigenze del team. Questo richiede un'attenta analisi delle competenze necessarie e delle qualità personali che contribuiranno al successo del gruppo.

1.1. Analisi delle competenze tecniche:

- **Identificare le competenze chiave:** Ogni progetto o obiettivo ha requisiti tecnici specifici. La prima fase consiste nell'identificare queste competenze chiave e assicurarsi che i membri del team possiedano le abilità necessarie per svolgere i compiti assegnati.

- **Valutare le lacune di competenza:** È importante considerare anche le eventuali lacune nelle competenze attuali del team. Se un team esistente manca di determinate capacità, il leader deve cercare di colmare queste lacune con nuove assunzioni o tramite la formazione.

1.2. Considerare le qualità personali:

- **Flessibilità e adattabilità:** In un ambiente di lavoro dinamico, è essenziale che i membri del team siano flessibili e capaci di adattarsi ai cambiamenti. Queste qualità sono spesso tanto importanti quanto le competenze tecniche.

- **Proattività e iniziativa:** La capacità di anticipare i problemi e di agire autonomamente è una caratteristica preziosa in un team ad alte prestazioni. I membri che dimostrano iniziativa possono contribuire in modo significativo all'innovazione e all'efficienza.

1.3. Analisi delle dinamiche di gruppo:

- **Compatibilità culturale:** La compatibilità con la cultura aziendale e con le dinamiche esistenti del team è cruciale. I nuovi membri devono condividere i valori del gruppo e essere in grado di integrarsi senza creare attriti.

- **Diversità e complementarità:** Un team ben bilanciato dovrebbe includere una diversità di prospettive e competenze. La diversità favorisce la creatività e l'innovazione, mentre la complementarità garantisce che i punti di forza di un membro del team possano compensare le debolezze di un altro.

2. Processi di selezione e valutazione

Un processo di selezione ben strutturato è fondamentale per identificare i candidati giusti. Questo processo deve essere progettato per valutare in modo accurato sia le competenze tecniche che le qualità personali dei potenziali membri del team.

2.1. Screening dei candidati:

- **Analisi dei CV e delle esperienze:** La prima fase del processo di selezione consiste nello screening dei CV per identificare candidati che abbiano le esperienze e le competenze richieste. Tuttavia, è importante non basarsi solo sui CV, ma cercare anche segnali di potenziale e crescita.

- **Preselezione telefonica o online:** Un colloquio preliminare, che può essere svolto telefonicamente o online, permette di valutare rapidamente l'idoneità dei candidati. Questa fase serve a ridurre il numero di candidati da considerare per i colloqui più approfonditi.

2.2. Colloqui strutturati:

- **Domande comportamentali:** I colloqui devono includere domande comportamentali che permettano di valutare come i candidati hanno affrontato situazioni simili in passato. Questo tipo di domande aiuta a prevedere come i candidati si comporteranno in futuro.

- **Valutazione delle soft skills:** Oltre alle competenze tecniche, i colloqui devono concentrarsi sulle soft skills, come la comunicazione, la capacità di lavorare in team, e la gestione dello stress. Queste competenze sono spesso determinanti per il successo in un ambiente di gruppo.

2.3. Test e simulazioni:

- **Prove tecniche:** Quando appropriato, l'uso di test tecnici o esercizi pratici può aiutare a valutare le competenze specifiche dei candidati. Questi test devono essere progettati per riflettere le reali esigenze del ruolo.

- **Simulazioni di gruppo:** Le simulazioni di lavoro in team possono rivelare come i candidati interagiscono con gli altri e come affrontano le dinamiche di gruppo. Queste simulazioni possono essere particolarmente utili per ruoli che richiedono un alto livello di collaborazione.

3. Fattori chiave nella selezione dei membri del team

Oltre al processo di selezione formale, ci sono altri fattori chiave che un leader deve considerare quando sceglie i membri del team.

Questi fattori possono influenzare in modo significativo l'efficacia e la coesione del gruppo.

3.1. Motivazione e allineamento con gli obiettivi del team:

- **Allineamento con la missione e i valori:** I membri del team devono essere motivati non solo da aspetti materiali, come il salario, ma anche dall'allineamento con la missione e i valori dell'organizzazione. La passione per il lavoro e l'impegno verso gli obiettivi comuni sono fondamentali per un team ad alte prestazioni.

- **Entusiasmo e impegno:** I candidati che dimostrano entusiasmo per il ruolo e l'impegno verso il successo del team sono spesso più produttivi e resilienti. Questo entusiasmo può essere contagioso e contribuire a mantenere alto il morale del gruppo.

3.2. Potenziale di crescita e sviluppo:

- **Aptitudine all'apprendimento:** In un ambiente di lavoro in continua evoluzione, la capacità di apprendere nuove competenze è cruciale. I candidati con una forte attitudine all'apprendimento possono adattarsi meglio ai cambiamenti e contribuire al continuo miglioramento del team.

- **Prospettiva a lungo termine:** Quando si selezionano i membri del team, è importante considerare non solo le esigenze immediate, ma anche il potenziale a lungo termine del candidato. I membri del team che possono crescere e assumere ruoli di maggiore responsabilità nel futuro sono un investimento prezioso.

3.3. Contributo alla cultura del team:

- **Compatibilità con la cultura del team:** La selezione dei membri del team deve tenere conto della compatibilità con la cultura esistente. Un nuovo membro che non si adatta alla cultura del gruppo può creare tensioni e ostacolare la coesione del team.

- **Promozione della diversità e dell'inclusione:** Un leader deve cercare di creare un team diversificato e inclusivo. La diversità di background, esperienze e prospettive può portare a soluzioni più creative e a una maggiore innovazione.

4. Sfide nella selezione dei membri del team

Selezionare i giusti membri del team non è privo di sfide. Un leader deve essere consapevole di queste sfide e sviluppare strategie per affrontarle in modo efficace.

4.1. Bilanciare velocità e qualità nella selezione:

- **Pressioni temporali:** Spesso, i leader si trovano sotto pressione per riempire rapidamente le posizioni aperte. Tuttavia, è importante non sacrificare la qualità della selezione per la velocità. Una selezione affrettata può portare a scelte sbagliate che possono avere un impatto negativo a lungo termine.

- **Gestire le aspettative:** È fondamentale gestire le aspettative degli stakeholder, spiegando l'importanza di un processo di selezione accurato. Coinvolgere gli stakeholder nel processo può anche aiutare a ottenere il loro supporto e comprensione.

4.2. Superare i pregiudizi inconsci:

- **Consapevolezza dei pregiudizi:** I pregiudizi inconsci possono influenzare il processo di selezione, portando a decisioni che non sono basate esclusivamente sul merito. Un leader deve essere consapevole di questi pregiudizi e adottare misure per ridurli, come la standardizzazione delle domande di colloquio e l'uso di panel di selezione diversificati.

- **Formazione e sensibilizzazione:** La formazione continua su temi come i pregiudizi inconsci e l'inclusività può aiutare a migliorare la qualità delle decisioni di selezione e a creare un processo più equo.

5. Monitorare e adattare il processo di selezione

Infine, un processo di selezione efficace richiede un monitoraggio continuo e la capacità di adattarsi alle nuove sfide e necessità.

5.1. Valutazione delle decisioni di selezione:

- **Feedback post-selezione:** Dopo che i membri del team sono stati selezionati, è utile raccogliere feedback sull'efficacia del processo di selezione. Questo feedback può provenire sia dai nuovi membri che dai membri esistenti del team.

- **Analisi delle performance:** Monitorare le performance dei nuovi membri può fornire indicazioni sulla qualità delle decisioni di selezione. Se emergono problemi, può essere necessario rivedere il processo e apportare miglioramenti.

5.2. Adattamento alle nuove esigenze:

- **Evoluzione delle competenze richieste:** Man mano che i progetti avanzano e le esigenze del team cambiano, anche i criteri di selezione potrebbero dover essere adattati. Un leader deve essere flessibile e pronto a modificare il processo di selezione per rispondere a queste nuove esigenze.

- **Innovazione nel processo di selezione:** Sperimentare nuove tecniche e strumenti di selezione, come l'intelligenza artificiale o le valutazioni psicometriche, può migliorare l'efficacia del processo. Tuttavia, è importante che queste innovazioni siano integrate in modo ponderato e in linea con gli obiettivi del team.

Conclusione

La selezione dei giusti membri del team è una delle sfide più critiche e strategiche che un leader deve affrontare. Un processo di selezione ben pianificato e attuato può fare la differenza tra un team che raggiunge risultati straordinari e uno che fatica a soddisfare le aspettative. Identificare le competenze tecniche necessarie, valutare le soft skills e garantire la compatibilità culturale sono elementi fondamentali per creare un team ad alte prestazioni. Affrontare le sfide del processo di selezione con consapevolezza e strategia consente ai leader di costruire team capaci di superare le difficoltà e di raggiungere il successo in modo sostenibile.

Creare un ambiente di lavoro positivo

"UN BUON CAPO È COLUI CHE SI PRENDE MENO MERITI DI QUELLI CHE MERITA, DANDO PIÙ MERITI DI QUELLI CHE GLI ALTRI MERITANO." — Arnold H. Glasow

Un ambiente di lavoro positivo è fondamentale per il benessere dei dipendenti e per il successo complessivo di un'organizzazione. La creazione di un ambiente che favorisca la collaborazione, la motivazione e il rispetto reciproco permette ai team di funzionare al meglio delle loro capacità. Quando i membri di un team si sentono apprezzati, sostenuti e parte di una comunità, sono più propensi a dare il massimo e a contribuire al raggiungimento degli obiettivi comuni. In questo paragrafo esploreremo le strategie chiave che un leader può adottare per coltivare un ambiente di lavoro positivo, analizzando i benefici che ne derivano e le sfide che potrebbero sorgere.

1. Promuovere la Comunicazione Aperta e Onesta

La comunicazione è la base di qualsiasi ambiente di lavoro sano. Un leader deve promuovere una cultura in cui la comunicazione aperta e onesta è non solo incoraggiata, ma anche valorizzata.

1.1. Creare canali di comunicazione efficaci:

- **Meeting regolari:** Riunioni regolari, sia di gruppo che individuali, possono aiutare a mantenere tutti i membri del team informati e allineati. Questi incontri dovrebbero essere spazi sicuri dove i membri del team possono esprimere liberamente le loro opinioni e preoccupazioni.

- **Strumenti di comunicazione digitale:** L'uso di strumenti digitali come chat aziendali, email e piattaforme collaborative può facilitare la comunicazione continua. È importante che questi strumenti siano utilizzati in modo efficace per evitare sovraccarichi di informazioni.

1.2. Favorire l'ascolto attivo:

- **Ascolto empatico:** I leader devono essere attivi ascoltatori, mostrando empatia e comprensione verso le opinioni e le preoccupazioni dei membri del team. L'ascolto attivo non solo rafforza la fiducia, ma permette anche di risolvere i problemi in modo tempestivo.

- **Feedback continuo:** Il feedback deve essere un processo bidirezionale. I leader dovrebbero fornire feedback costruttivo regolarmente e allo stesso tempo creare spazi dove i dipendenti possano dare feedback sui processi e sulle decisioni aziendali.

2. Incentivare il Benessere e la Salute dei Dipendenti

Il benessere fisico e mentale dei dipendenti è direttamente correlato alla produttività e alla soddisfazione sul lavoro. Un leader che pone l'accento sulla salute e il benessere crea un ambiente più positivo e stimolante.

2.1. Promuovere l'equilibrio tra vita lavorativa e privata:

- **Politiche di lavoro flessibile:** Offrire opzioni di lavoro flessibile, come il telelavoro o orari di lavoro flessibili, può aiutare i dipendenti a bilanciare meglio le loro responsabilità personali e professionali, riducendo lo stress e aumentando la soddisfazione lavorativa.

- **Incentivi al riposo e alla rigenerazione:** Promuovere l'importanza di prendersi pause regolari e utilizzare le ferie può prevenire il burnout e migliorare la qualità del lavoro.

2.2. Offrire programmi di benessere aziendale:

- **Supporto per la salute mentale:** Implementare programmi di supporto per la salute mentale, come consulenze psicologiche o workshop sullo stress, può migliorare il benessere emotivo dei dipendenti. È essenziale rimuovere lo stigma associato alla ricerca di aiuto e rendere queste risorse facilmente accessibili.

- **Promuovere attività fisiche:** Fornire incentivi per l'attività fisica, come abbonamenti a palestre o attività di gruppo, contribuisce a migliorare la salute fisica dei dipendenti e, di conseguenza, il loro benessere generale.

3. Favorire un Clima di Collaborazione e Rispetto

Un ambiente di lavoro positivo è caratterizzato da un forte senso di collaborazione e rispetto reciproco. I leader devono lavorare per creare un clima in cui ogni membro del team si senta valorizzato e rispettato.

3.1. Promuovere la diversità e l'inclusione:

- **Valorizzare le differenze:** Un team eterogeneo porta con sé una varietà di prospettive e idee che possono arricchire il processo decisionale e l'innovazione. I leader devono impegnarsi per creare un ambiente inclusivo dove ogni individuo, indipendentemente dalle sue origini, si senta accolto e rispettato.

- **Formazione sull'inclusività:** Offrire formazione continua su temi come la diversità culturale, la sensibilità di genere e l'inclusione può aiutare a costruire una cultura di rispetto e comprensione reciproca.

3.2. Incentivare il lavoro di squadra:

- **Progetti collaborativi:** Lavorare su progetti in team può rafforzare i legami tra i membri del gruppo e favorire la cooperazione. I leader dovrebbero incoraggiare la collaborazione interfunzionale e riconoscere i successi raggiunti collettivamente.

- **Team building:** Organizzare attività di team building può migliorare le relazioni all'interno del gruppo, ridurre le tensioni e promuovere un senso di appartenenza. Queste attività dovrebbero essere progettate per rafforzare la fiducia e la collaborazione.

4. Riconoscere e Premiare i Successi

Il riconoscimento e la gratificazione sono potenti strumenti motivazionali che contribuiscono a creare un ambiente di lavoro positivo. I dipendenti che si sentono riconosciuti per il loro lavoro tendono a essere più motivati e soddisfatti.

4.1. Riconoscimento formale e informale:

- **Premi e riconoscimenti:** Implementare programmi di riconoscimento formali, come premi per il dipendente del mese o riconoscimenti per il raggiungimento degli obiettivi, può rafforzare il morale e motivare i dipendenti a mantenere alte prestazioni.

- **Apprezzamenti quotidiani:** Anche i piccoli gesti di riconoscimento, come un ringraziamento sincero o un complimento per un lavoro ben fatto, possono avere un impatto significativo sul morale del team. I leader dovrebbero essere attenti a notare e riconoscere gli sforzi dei dipendenti quotidianamente.

4.2. Incentivi e ricompense:

- **Incentivi basati sulla performance:** Offrire incentivi basati sui risultati, come bonus o aumenti di stipendio, può stimolare i dipendenti a superare le aspettative. Tuttavia, è importante che questi incentivi siano equi e trasparenti.

- **Opportunità di sviluppo professionale:** Offrire ai dipendenti l'opportunità di crescere e sviluppare nuove competenze è una forma di riconoscimento che può avere un impatto duraturo. Investire nella formazione e nello sviluppo professionale dei dipendenti non solo migliora le loro competenze, ma dimostra anche che l'azienda valorizza il loro futuro.

5. Gestire i Conflitti in Modo Costruttivo

Anche negli ambienti di lavoro più positivi, i conflitti sono inevitabili. La chiave è gestirli in modo costruttivo, trasformandoli in opportunità di crescita e miglioramento.

5.1. Affrontare i conflitti tempestivamente:

- **Intervento precoce:** I conflitti devono essere affrontati tempestivamente prima che degenerino. Un leader deve essere proattivo nel riconoscere i segnali di tensione e intervenire per risolvere i problemi alla radice.

- **Comunicazione diretta:** Incoraggiare una comunicazione aperta e diretta tra le parti coinvolte è essenziale per risolvere i conflitti. Facilitare un dialogo onesto può aiutare a chiarire malintesi e trovare soluzioni condivise.

5.2. Mediazione e risoluzione:

- **Mediazione imparziale:** In alcuni casi, può essere utile coinvolgere un terzo imparziale per mediare il conflitto. Questo può aiutare a garantire che tutte le parti si sentano ascoltate e che la risoluzione sia equa.

- **Sviluppare abilità di risoluzione dei conflitti:** Offrire formazione specifica ai membri del team su come gestire e risolvere i conflitti può migliorare la capacità del gruppo di affrontare le tensioni in modo costruttivo.

Conclusione

Creare un ambiente di lavoro positivo richiede un impegno continuo da parte dei leader per promuovere la comunicazione, incentivare il benessere, favorire la collaborazione, riconoscere i successi e gestire i conflitti. Un ambiente positivo non solo migliora la soddisfazione e la motivazione dei dipendenti, ma contribuisce anche alla produttività e alla sostenibilità a lungo termine dell'organizzazione. Investire nella creazione di un tale ambiente è uno dei compiti più importanti e gratificanti per un leader, poiché i benefici si riflettono non solo sul team, ma sull'intera azienda.

Sviluppare il lavoro di squadra

"IL TALENTO VINCE LE PARTITE, MA IL LAVORO DI SQUADRA E
L'INTELLIGENZA VINCONO I CAMPIONATI." – Michael Jordan

Il lavoro di squadra rappresenta un pilastro fondamentale nell'architettura delle organizzazioni moderne e nella gestione delle performance aziendali. La sua efficacia non si riduce alla mera aggregazione di individui che perseguono obiettivi comuni; piuttosto, implica una complessa interazione tra competenze personali, dinamiche relazionali e strutture organizzative. Questo processo richiede una comprensione approfondita dei meccanismi psicologici e sociali che influenzano la cooperazione e una strategia di leadership mirata che favorisca la coesione e l'efficacia del gruppo.

Nel contesto della creazione e dello sviluppo di un lavoro di squadra, il primo aspetto cruciale da considerare è la definizione e l'implementazione di una cultura di collaborazione. La costruzione di tale cultura inizia con la definizione chiara e condivisa degli obiettivi. È imperativo che ogni membro del team non solo comprenda ma anche si identifichi con gli obiettivi comuni. Questo allineamento non è un esercizio superficiale, ma una strategia che implica la delineazione di mete precise e misurabili che possano guidare le azioni quotidiane e le decisioni strategiche. L'obiettivo deve essere abbastanza dettagliato da fornire una chiara direzione, ma anche sufficientemente ampio da permettere flessibilità e innovazione nella modalità di raggiungimento. La chiarezza degli obiettivi previene il rischio di ambiguità e conflitti di priorità, che possono sorgere in assenza di una visione condivisa.

In parallelo alla definizione degli obiettivi, è cruciale instaurare e mantenere un ambiente di fiducia e trasparenza. La fiducia è il fondamento su cui poggia l'efficacia del lavoro di squadra e deve essere costruita attraverso un comportamento coerente e affidabile da parte di tutti i membri, in particolare dei leader. La trasparenza nelle decisioni, nella comunicazione dei processi e delle motivazioni è essenziale per costruire e mantenere la fiducia. Quando i membri del team sono a conoscenza dei criteri e dei motivi dietro le decisioni strategiche, si riduce il rischio di malintesi e si promuove un ambiente di lavoro più coeso e motivato.

Un aspetto fondamentale nella gestione del lavoro di squadra è la comunicazione efficace. La comunicazione deve essere strutturata in modo da garantire un flusso continuo e chiaro di informazioni tra tutti i membri del team. Gli strumenti di comunicazione devono essere scelti con attenzione, tenendo conto delle loro caratteristiche e dell'adeguatezza rispetto alle esigenze del gruppo. Le tecnologie moderne, come le piattaforme di collaborazione online e i sistemi di gestione delle comunicazioni, offrono vantaggi significativi, ma devono essere utilizzate in modo strategico per evitare sovraccarico informativo e mantenere la comunicazione focalizzata e produttiva. Oltre alla tecnologia, è cruciale stabilire regole chiare per la comunicazione, come la frequenza delle riunioni e le modalità di feedback, per garantire che le informazioni vengano condivise tempestivamente e che ogni membro possa contribuire e rimanere aggiornato.

In questo contesto, la promozione del dialogo aperto è una pratica chiave. Le riunioni regolari e ben strutturate, in cui tutti i membri del team possono esprimere liberamente le loro idee e preoccupazioni, favoriscono un ambiente di collaborazione e innovazione. È fondamentale che il leader crei uno spazio sicuro per la condivisione di idee, dove i membri del team si sentano valorizzati e ascoltati. Questa apertura non solo migliora la qualità delle discussioni e delle decisioni, ma contribuisce anche a rafforzare il senso di appartenenza e responsabilità verso gli obiettivi comuni.

Investire nella formazione e nello sviluppo delle competenze del team è un'altra dimensione essenziale per migliorare il lavoro di squadra. La formazione continua, sia tecnica che interpersonale, è indispensabile per mantenere e migliorare le competenze richieste per affrontare le sfide e raggiungere gli obiettivi. Le sessioni di formazione devono essere progettate per affrontare sia le competenze specifiche del ruolo sia le competenze trasversali, come la comunicazione efficace e la risoluzione dei conflitti. Inoltre, le opportunità di crescita devono essere strutturate per promuovere una leadership condivisa all'interno del team. Dare ai membri l'opportunità di assumere ruoli di responsabilità e di guida, anche se temporanei, aiuta a sviluppare le loro competenze di leadership e a favorire un maggiore coinvolgimento nel raggiungimento degli obiettivi.

La gestione dei conflitti è un'altra area critica nel lavoro di squadra. I conflitti, inevitabili in qualsiasi gruppo, devono essere affrontati con competenza e tempestività. È fondamentale che il leader possieda le competenze necessarie per identificare e risolvere i problemi in modo costruttivo. Le tecniche di risoluzione dei conflitti devono essere applicate in modo equo, mirando a trovare soluzioni che siano accettabili per tutte le parti coinvolte e che contribuiscano a mantenere l'armonia del gruppo. Un approccio orientato alla soluzione, piuttosto che alla ricerca di colpevoli, aiuta a trasformare i conflitti in opportunità di crescita e miglioramento per l'intero team.

Infine, il riconoscimento e la celebrazione dei successi sono essenziali per mantenere alta la motivazione e il morale del team. Il riconoscimento dei traguardi raggiunti e dei contributi individuali deve essere parte integrante della cultura del lavoro di squadra. Le celebrazioni, che possono variare da eventi formali a piccoli gesti di apprezzamento, contribuiscono a rafforzare il senso di realizzazione e di appartenenza. Offrire opportunità di crescita e avanzamento come premio per i risultati eccezionali non solo motiva il team ma favorisce anche un ambiente di lavoro positivo e produttivo.

In conclusione, lo sviluppo del lavoro di squadra richiede un approccio olistico che integri la chiarezza degli obiettivi, la promozione della fiducia e della comunicazione aperta, l'investimento nella formazione e nello sviluppo delle competenze, e una gestione proattiva dei conflitti. Un leader efficace deve essere in grado di orchestrare queste dinamiche con competenza e sensibilità, comprendendo che il successo del team riflette direttamente la qualità della leadership e della gestione delle interazioni di gruppo. La creazione di un ambiente collaborativo e coeso è non solo una questione di strategie e tecniche, ma anche di cultura e impegno continuo, e rappresenta una condizione essenziale per il raggiungimento di risultati eccellenti e sostenibili.

Gestire i conflitti

"LA PACE NON È L'ASSENZA DI CONFLITTO, MA LA CAPACITÀ DI GESTIRLO CON MEZZI PACIFICI." – Ronald Reagan

La gestione dei conflitti è un aspetto cruciale nel contesto della leadership e della gestione del lavoro di squadra, e rappresenta una competenza fondamentale per garantire l'efficacia e la coesione all'interno di un gruppo. I conflitti, inevitabili in qualsiasi contesto organizzativo dove interagiscono individui con obiettivi, valori e stili di lavoro differenti, possono diventare una risorsa preziosa se gestiti con competenza e strategia. Affrontare i conflitti non solo significa risolvere disaccordi immediati, ma anche comprendere e gestire le dinamiche sottostanti che possono influenzare il clima lavorativo e la produttività a lungo termine.

Un approccio efficace alla gestione dei conflitti inizia con la capacità di riconoscere e diagnosticare i conflitti prima che si intensifichino. La diagnosi precoce richiede una percezione acuta delle dinamiche interpersonali e una comprensione delle fonti di conflitto, che possono spaziare da differenze di opinioni e di priorità a questioni di risorse limitate o a malintesi comunicativi. I leader devono sviluppare una sensibilità ai segnali precoci di conflitto, che possono manifestarsi attraverso cambiamenti nel comportamento, nella comunicazione e nelle performance dei membri del team. La capacità di identificare questi segnali consente di intervenire tempestivamente e prevenire l'escalation del conflitto.

La risoluzione dei conflitti deve essere affrontata attraverso un processo strutturato e equo. Questo processo inizia con l'apertura di un dialogo costruttivo tra le parti coinvolte. È fondamentale che il leader agisca come facilitatore in questo dialogo, creando uno spazio sicuro e neutrale dove i partecipanti possano esprimere le loro preoccupazioni e le loro posizioni senza timore di ripercussioni. La comunicazione deve essere gestita con attenzione, assicurandosi che ogni parte abbia l'opportunità di parlare e di essere ascoltata. La qualità di questo dialogo può essere determinata dalla capacità del leader di mantenere un atteggiamento imparziale e di incoraggiare un ascolto attivo e rispettoso.

Una volta che le parti hanno avuto l'opportunità di esprimere i loro punti di vista, è essenziale lavorare verso la comprensione reciproca. Questo implica un'effettiva ricerca di compromessi e soluzioni che possano soddisfare, almeno in parte, le esigenze di tutte le parti coinvolte. Le tecniche di risoluzione dei conflitti includono la negoziazione, la mediazione e, in alcuni casi, l'arbitraggio. La negoziazione implica il trovare un accordo attraverso discussioni e compromessi, mentre la mediazione prevede l'intervento di una terza parte neutra che facilita il dialogo e aiuta le parti a raggiungere un accordo. L'arbitraggio, infine, comporta la decisione finale di un terzo che impone una soluzione, ed è generalmente utilizzato come ultima risorsa quando altri metodi si sono rivelati inefficaci.

Un altro aspetto cruciale nella gestione dei conflitti è l'identificazione e l'affrontamento delle cause profonde del conflitto. I conflitti superficiali possono spesso nascondere problemi più profondi legati a questioni di fiducia, percezioni di ingiustizia o differenze fondamentali nei valori. I leader devono andare oltre le manifestazioni superficiali del conflitto e indagare sulle cause radicate che potrebbero necessitare di una risoluzione più profonda. Questo approccio non solo aiuta a risolvere il conflitto attuale, ma contribuisce anche a prevenire futuri disaccordi simili e a migliorare il clima organizzativo complessivo.

La gestione proattiva dei conflitti richiede anche un'attenzione costante alla costruzione e al mantenimento di relazioni positive e alla promozione di una cultura del rispetto e della collaborazione. I leader devono promuovere pratiche che incoraggino il rispetto reciproco e la comunicazione aperta, creando un ambiente in cui i conflitti possono essere affrontati in modo costruttivo piuttosto che inibente. Questo implica non solo l'implementazione di politiche e procedure che gestiscano i conflitti, ma anche l'inculcazione di valori e comportamenti che promuovano una risoluzione pacifica e produttiva delle controversie.

Il follow-up è un altro componente essenziale del processo di gestione dei conflitti. Dopo la risoluzione, è fondamentale monitorare la situazione per garantire che la soluzione sia effettivamente efficace e che le relazioni tra le parti coinvolte rimangano positive. Questo follow-up può includere incontri di verifica, discussioni di feedback e misurazioni della soddisfazione per assicurarsi che non emergano nuovi problemi e che la soluzione adottata sia stata accettata e implementata con successo.

In sintesi, la gestione dei conflitti è un aspetto complesso e multifacetico della leadership e della gestione del lavoro di squadra. Richiede una diagnosi precoce e una gestione strutturata dei disaccordi, una comunicazione aperta e rispettosa, la risoluzione delle cause profonde e una continua promozione di una cultura di rispetto e collaborazione. La capacità di affrontare i conflitti in modo efficace non solo contribuisce a risolvere le dispute immediate, ma anche a rafforzare le relazioni, a migliorare il clima organizzativo e a mantenere la coesione del gruppo. Una gestione proattiva e competente dei conflitti è dunque essenziale per il successo a lungo termine di qualsiasi team e organizzazione.

Capitolo 9: Delegare efficacemente

Scegliere le persone giuste per il lavoro

"NON PUOI FARE UN BUON AFFARE CON UNA CATTIVA PERSONA." —
Warren Buffett

La scelta delle persone giuste per il lavoro è un elemento cruciale nella delega efficace e rappresenta una delle competenze fondamentali per ogni leader. La capacità di assegnare i compiti alle persone più adeguate non solo influisce sull'efficienza operativa e sul successo dei progetti, ma ha anche un impatto significativo sulla motivazione e sulla soddisfazione del team. Questo processo richiede una combinazione di analisi approfondita delle competenze e delle caratteristiche individuali, una chiara comprensione delle esigenze del progetto e una valutazione strategica delle dinamiche di gruppo.

Il primo passo nella scelta delle persone giuste è l'analisi approfondita dei requisiti del compito o del progetto da delegare. Questo implica una comprensione dettagliata delle competenze tecniche e delle capacità richieste per completare il lavoro con successo. Un compito complesso, ad esempio, può richiedere non solo competenze tecniche specifiche, ma anche abilità interpersonali come la comunicazione efficace e la capacità di lavorare in gruppo. Identificare queste esigenze specifiche aiuta a determinare quali membri del team hanno le competenze necessarie per svolgere il compito in modo efficiente.

Una volta comprese le esigenze del compito, il leader deve effettuare una valutazione accurata delle competenze e delle qualifiche dei membri del team. Questo processo di valutazione può includere una revisione delle competenze tecniche, delle esperienze passate e delle performance precedenti di ciascun individuo. È importante considerare non solo le competenze tecniche, ma anche le caratteristiche personali e le attitudini, come la proattività, l'affidabilità e la capacità di risolvere i problemi. Utilizzare strumenti di valutazione come le recensioni delle performance, i colloqui individuali e i feedback dai colleghi può fornire una panoramica completa delle capacità e delle potenzialità di ciascun membro del team.

Un aspetto fondamentale della scelta delle persone giuste per il lavoro è l'allineamento tra le motivazioni individuali e le esigenze del progetto. Ogni individuo ha una serie di interessi, ambizioni e obiettivi personali che influenzano il suo livello di impegno e di soddisfazione nel lavoro assegnato. Assegnare compiti che si allineano con le passioni e le motivazioni personali può non solo migliorare la qualità del lavoro ma anche aumentare il coinvolgimento e la soddisfazione del membro del team. Un leader efficace deve quindi prendere in considerazione le aspirazioni e i punti di forza individuali e cercare di allinearli con le esigenze del progetto.

La scelta delle persone giuste per il lavoro richiede anche una valutazione delle dinamiche di gruppo e delle relazioni interpersonali. Ogni team è composto da individui con personalità e stili di lavoro diversi, e la dinamica di gruppo può influenzare significativamente l'efficacia e l'efficienza del lavoro. È essenziale considerare come i membri del team interagiranno tra loro e come le loro diverse competenze e stili di lavoro possono complementarsi. Assegnare compiti tenendo conto delle dinamiche di gruppo aiuta a evitare conflitti e a promuovere una collaborazione armoniosa.

Un altro elemento chiave nella scelta delle persone giuste è la valutazione del livello di esperienza e della capacità di assumersi responsabilità. Alcuni compiti possono richiedere un alto livello di esperienza e competenza, mentre altri possono essere adatti a membri del team con meno esperienza ma con un grande potenziale di crescita. La decisione su chi assegnare un compito deve quindi considerare il bilanciamento tra la necessità di esperienza e la possibilità di sviluppare le competenze di meno esperti. Offrire opportunità di delega a membri del team con potenziale di crescita può essere una strategia efficace per sviluppare le loro competenze e prepararli a future responsabilità.

La chiarezza nella comunicazione delle aspettative e dei requisiti è fondamentale quando si delega un compito. È essenziale che il leader fornisca indicazioni dettagliate e precise su ciò che è richiesto e sui risultati attesi. Una comunicazione chiara aiuta a evitare malintesi e a garantire che i membri del team comprendano appieno le loro responsabilità e gli obiettivi del compito. Inoltre, è importante stabilire criteri chiari per la valutazione del lavoro completato, in modo che i membri del team sappiano cosa ci si aspetta da loro e come sarà misurato il loro successo.

Infine, la capacità di adattare le decisioni di delega alle circostanze mutevoli è una competenza cruciale per i leader. Le situazioni e le priorità possono cambiare rapidamente, e un leader deve essere in grado di modificare le assegnazioni di compiti in base alle nuove esigenze e alle circostanze. Questo richiede una certa flessibilità e la capacità di prendere decisioni informate basate su una valutazione continua delle esigenze del progetto e delle capacità del team. Monitorare l'andamento del lavoro e fornire supporto e risorse aggiuntive quando necessario è fondamentale per garantire il successo e il completamento efficace dei compiti delegati.

In sintesi, scegliere le persone giuste per il lavoro è un processo complesso che richiede una valutazione approfondita delle competenze e delle qualifiche, un allineamento delle motivazioni personali con le esigenze del progetto, una considerazione delle dinamiche di gruppo e delle esperienze individuali, e una comunicazione chiara delle aspettative. La capacità di effettuare queste valutazioni con precisione e di adattarsi alle circostanze mutevoli è essenziale per una delega efficace e per il successo complessivo dei progetti e delle iniziative del team. Un leader competente deve possedere una visione strategica e una comprensione approfondita delle dinamiche del team per garantire che i compiti siano assegnati alle persone più adatte e che le aspettative siano chiare e ben comunicate.

Fornire istruzioni chiare

"DIRE ESATTAMENTE CIÒ CHE INTENDI NON SOLO MIGLIORA LA COMUNICAZIONE, MA RAFFORZA ANCHE IL RAPPORTO." – James Humes

Fornire istruzioni chiare è un aspetto cruciale della delega efficace e riveste una significanza fondamentale nel garantire il successo dei progetti e la coerenza nelle attività del team. La chiarezza nelle istruzioni non solo facilita la comprensione delle aspettative, ma riduce anche il rischio di errori, malintesi e inefficienze. Quando le istruzioni sono formulate in modo preciso e comprensibile, i membri del team sono più capaci di eseguire i compiti secondo le aspettative, contribuendo a una maggiore efficienza e qualità del lavoro.

Il primo passo per fornire istruzioni chiare è l'analisi approfondita del compito o del progetto. Questo richiede una comprensione completa delle aspettative, degli obiettivi e dei risultati desiderati. Le istruzioni devono riflettere non solo i requisiti specifici del compito, ma anche il contesto in cui il lavoro deve essere eseguito. Ad esempio, se un compito richiede la creazione di un report, le istruzioni dovrebbero specificare non solo il formato e il contenuto richiesti, ma anche le scadenze, le risorse disponibili e i criteri di valutazione. Una visione completa delle aspettative aiuta a formulare istruzioni che siano dettagliate e pertinenti.

Una volta compreso il compito, è essenziale comunicare le istruzioni in modo chiaro e strutturato. La chiarezza nella comunicazione implica l'uso di un linguaggio preciso e non ambiguo. È fondamentale evitare termini vaghi o generali che possono essere interpretati in modi diversi. L'uso di un linguaggio tecnico deve essere equilibrato con la necessità di essere comprensibile a tutti i destinatari delle istruzioni. Se il compito è complesso, può essere utile suddividere le istruzioni in passaggi sequenziali, chiaramente numerati o elencati, per facilitare la comprensione e l'esecuzione. Ad esempio, se si sta delegando un progetto di marketing, le istruzioni potrebbero includere un elenco di attività specifiche, come la ricerca di mercato, la creazione di contenuti e la pianificazione delle campagne, con dettagli su ciascuna attività.

È importante anche fornire esempi concreti o modelli quando le istruzioni riguardano compiti complessi o poco familiari. Gli esempi aiutano a chiarire le aspettative e a fornire una guida pratica su come eseguire il lavoro. Per esempio, se si richiede la preparazione di un documento, è utile fornire un campione di documento o un modello che dimostri il formato e lo stile desiderati. Questo approccio non solo chiarisce cosa ci si aspetta, ma fornisce anche un riferimento tangibile che può essere utilizzato come guida durante l'esecuzione del compito.

La comunicazione delle istruzioni deve essere accompagnata da opportunità per il feedback e le domande. È cruciale che i membri del team abbiano la possibilità di chiedere chiarimenti e di esprimere eventuali preoccupazioni o dubbi riguardanti le istruzioni ricevute. I leader dovrebbero incoraggiare domande e fornire risposte dettagliate per garantire che ogni membro del team comprenda appieno le aspettative. Questo non solo migliora la chiarezza, ma contribuisce anche a costruire un ambiente di lavoro aperto e collaborativo.

Una parte integrante del fornire istruzioni chiare è la verifica della comprensione. Dopo aver comunicato le istruzioni, è utile chiedere ai membri del team di riassumere le loro comprensioni e di confermare la loro comprensione delle aspettative e delle scadenze. Questa tecnica, nota come "feedback di comprensione", aiuta a garantire che le istruzioni siano state comprese correttamente e consente di correggere eventuali malintesi prima che il lavoro inizi. Il feedback di comprensione può essere ottenuto tramite discussioni dirette, questionari o attraverso la preparazione di piani di lavoro dettagliati.

Inoltre, le istruzioni devono essere monitorate e adattate se necessario. Durante l'esecuzione del compito, i leader devono essere disponibili per fornire supporto continuo e per apportare eventuali aggiustamenti alle istruzioni in base ai cambiamenti nelle circostanze o alle nuove informazioni che emergono. La flessibilità è fondamentale per affrontare problemi imprevisti e per garantire che le istruzioni rimangano pertinenti e applicabili. Un buon leader deve essere pronto a fare aggiustamenti e a comunicare chiaramente eventuali modifiche alle istruzioni iniziali.

Infine, il processo di fornire istruzioni chiare deve essere supportato da una documentazione adeguata. La documentazione scritta delle istruzioni, delle aspettative e dei requisiti aiuta a garantire che le informazioni siano facilmente accessibili e consultabili da parte dei membri del team. La documentazione può includere manuali, guide operative, e piani di progetto che delineano in dettaglio le responsabilità e le scadenze. Avere una documentazione ben organizzata e accessibile contribuisce a ridurre il rischio di malintesi e di errori.

In sintesi, fornire istruzioni chiare è un aspetto fondamentale della delega efficace e richiede un'attenzione particolare alla comunicazione dettagliata, alla fornitura di esempi concreti, alla verifica della comprensione e al monitoraggio continuo. La capacità di comunicare in modo preciso e comprensibile non solo facilita l'esecuzione efficace dei compiti, ma contribuisce anche a creare un ambiente di lavoro collaborativo e produttivo. I leader devono adottare un approccio strutturato e flessibile nella comunicazione delle istruzioni per garantire il successo dei progetti e la soddisfazione del team.

Dare autonomia e responsabilità

"LA RESPONSABILITÀ È IL PREZZO DELLA LIBERTÀ." — Elbert Hubbard

Dare autonomia e responsabilità è un aspetto cruciale nella delega efficace e rappresenta una delle competenze fondamentali per un leader. L'autonomia e la responsabilità non solo migliorano l'efficienza operativa e la qualità del lavoro, ma contribuiscono anche a sviluppare le competenze e la motivazione dei membri del team. Tuttavia, l'implementazione di questi principi richiede un equilibrio delicato tra fornire libertà e garantire il controllo e la supervisione necessari. Questo processo implica una comprensione approfondita delle dinamiche individuali e di gruppo, così come una strategia ben articolata per assegnare e gestire le responsabilità.

Per iniziare, è fondamentale che un leader stabilisca una chiara base di fiducia nei confronti dei membri del team. Dare autonomia significa concedere il diritto di prendere decisioni e di agire in base a queste decisioni senza una supervisione costante. Questa libertà deve essere basata sulla fiducia nelle competenze e nella capacità di giudizio del membro del team. La fiducia si costruisce attraverso una valutazione accurata delle competenze e delle esperienze passate, nonché attraverso una comunicazione aperta e onesta sulle aspettative e sugli obiettivi. Un leader deve dimostrare chiaramente che confida nella capacità del team di gestire il compito e di prendere decisioni in modo autonomo.

Un elemento chiave della delega di autonomia è la definizione chiara delle responsabilità e dei limiti. È essenziale che i membri del team comprendano non solo le loro responsabilità specifiche, ma anche i confini entro cui possono operare. Questo implica una comunicazione dettagliata riguardante gli obiettivi, le aspettative e le risorse disponibili, così come le eventuali restrizioni o i requisiti specifici che devono essere rispettati. Ad esempio, se si sta delegando la gestione di un progetto, è importante chiarire quali decisioni possono essere prese autonomamente e quali devono essere approvate da un superiore. Questa chiarezza aiuta a prevenire confusione e malintesi e garantisce che tutti i membri del team siano allineati sugli obiettivi e le aspettative.

La responsabilità deve essere accompagnata da un adeguato supporto e da risorse sufficienti per consentire ai membri del team di adempiere ai loro compiti in modo efficace. Questo supporto può includere formazione, strumenti e risorse necessarie, nonché l'accesso a informazioni e a consulenze specialistiche se necessario. Un leader deve garantire che i membri del team abbiano tutto il necessario per prendere decisioni informate e per gestire le loro responsabilità con successo. Fornire supporto adeguato non significa micromanagement, ma piuttosto garantire che i membri del team abbiano le risorse e le informazioni necessarie per lavorare in modo autonomo.

Un'altra considerazione importante è la gestione del rischio associato alla delega di autonomia. Dare libertà di azione comporta un certo grado di rischio, poiché le decisioni autonome possono portare a risultati inaspettati o a errori. È fondamentale che i leader bilancino l'autonomia con un meccanismo di supervisione e di controllo appropriato. Questo non implica un controllo eccessivo, ma piuttosto una supervisione strategica e la creazione di sistemi di monitoraggio che consentano di valutare i progressi e di intervenire se necessario. Ad esempio, stabilire punti di controllo regolari o pianificare incontri di aggiornamento può aiutare a mantenere il progetto sulla giusta strada senza compromettere l'autonomia concessa.

La delega di responsabilità deve essere accompagnata da una chiara comunicazione dei criteri di valutazione delle performance. I membri del team devono essere a conoscenza di come il loro lavoro sarà valutato e di quali risultati sono attesi. Questa chiarezza aiuta a orientare gli sforzi e a garantire che gli obiettivi siano raggiunti in conformità con le aspettative. I criteri di valutazione devono essere specifici, misurabili e allineati agli obiettivi del progetto. Inoltre, è essenziale fornire un feedback regolare e costruttivo per guidare e supportare il miglioramento continuo e per affrontare eventuali problemi o difficoltà che potrebbero emergere durante l'esecuzione del compito.

Il riconoscimento e la celebrazione dei successi sono componenti fondamentali nella gestione dell'autonomia e della responsabilità. Quando i membri del team completano i compiti con successo e raggiungono gli obiettivi, è importante riconoscere e premiare i loro sforzi e risultati. Questo non solo motiva e incoraggia ulteriormente l'autonomia, ma contribuisce anche a costruire un ambiente di lavoro positivo e a rafforzare l'impegno e la lealtà del team. Il riconoscimento può assumere diverse forme, come feedback positivo, premi, o opportunità di sviluppo professionale.

Infine, è importante considerare l'aspetto dello sviluppo personale e professionale nella delega di autonomia e responsabilità. Dare opportunità di autonomia è anche un modo per sviluppare le competenze e le capacità di leadership dei membri del team. Assegnare responsabilità più ampie e sfidanti può contribuire alla crescita professionale e alla preparazione per ruoli di maggiore responsabilità in futuro. I leader devono quindi utilizzare la delega come un'opportunità per investire nello sviluppo delle competenze e nella crescita dei membri del team, preparando così la futura generazione di leader e di esperti all'interno dell'organizzazione.

In sintesi, dare autonomia e responsabilità è un aspetto essenziale della delega efficace e richiede un equilibrio delicato tra fiducia, chiarezza e supporto. La capacità di concedere libertà di azione mentre si fornisce un adeguato supporto e controllo è fondamentale per il successo del team e per il raggiungimento degli obiettivi. La chiara definizione delle responsabilità, il supporto continuo, la gestione del rischio, la comunicazione dei criteri di valutazione, e il riconoscimento dei successi sono tutti elementi cruciali per garantire una delega efficace e per promuovere un ambiente di lavoro motivante e produttivo. Un leader deve adottare un approccio strategico e ponderato nella concessione di autonomia e responsabilità per assicurare il successo a lungo termine dei progetti e del team.

Fornire feedback e supporto

Fornire feedback e supporto è un elemento essenziale nella gestione efficace dei compiti delegati e gioca un ruolo cruciale nel garantire il successo complessivo del progetto e nello sviluppo delle competenze dei membri del team. La qualità del feedback e del supporto influenzerà non solo la performance individuale, ma anche l'efficacia e la coesione del team. Per i leader, il compito di offrire feedback costruttivo e supporto strategico richiede una comprensione approfondita delle dinamiche di gruppo, delle esigenze individuali e delle migliori pratiche nella comunicazione e nella motivazione.

Il feedback efficace è caratterizzato dalla sua chiarezza, specificità e tempestività. Un feedback chiaro fornisce indicazioni precise su cosa è stato fatto bene e su cosa può essere migliorato. La specificità aiuta a evitare ambiguità e a garantire che il destinatario comprenda esattamente quali aspetti del lavoro necessitano di attenzione. Ad esempio, piuttosto che fornire un feedback generico come "Buon lavoro," è più utile specificare "Il report è ben strutturato, ma sarebbe utile aggiungere una sezione sull'analisi dei rischi per fornire una visione più completa del progetto." Questo tipo di feedback consente ai membri del team di comprendere esattamente quali cambiamenti sono necessari e di come possono migliorare il loro lavoro.

La tempestività del feedback è altrettanto importante. Il feedback dovrebbe essere fornito il più presto possibile dopo l'osservazione del comportamento o del risultato. Ritardare il feedback può ridurre la sua efficacia, poiché il ricordo degli eventi potrebbe svanire e il contesto potrebbe cambiare. Un feedback tempestivo consente al destinatario di apportare modifiche in tempo reale e di migliorare continuamente. Tuttavia, è importante che il feedback sia fornito in un momento appropriato e in un ambiente favorevole, per evitare di creare imbarazzo o di compromettere la motivazione.

Il feedback deve essere equilibrato, combinando osservazioni positive e costruttive. Un approccio bilanciato aiuta a mantenere alta la motivazione e a evitare che il destinatario si senta demoralizzato. Un modello utile per fornire feedback equilibrato è il metodo "sandwich," che inizia con un riconoscimento positivo, segue con le aree di miglioramento e si conclude con un rinforzo positivo. Questo approccio non solo facilita l'accettazione del feedback ma incoraggia anche il miglioramento continuo senza compromettere la fiducia e l'autoefficacia del destinatario.

Il supporto, d'altra parte, è altrettanto cruciale e si manifesta attraverso la disponibilità a fornire risorse, consulenze e assistenza pratica. Un leader deve essere proattivo nel capire le esigenze del team e nel fornire le risorse necessarie per affrontare le sfide. Questo supporto può includere la fornitura di formazione aggiuntiva, strumenti tecnologici adeguati o l'accesso a expertise specialistiche. Ad esempio, se un membro del team sta affrontando difficoltà con una nuova tecnologia, il leader può organizzare una sessione di formazione o collegarlo con un esperto che possa fornire assistenza diretta.

Il supporto deve essere adattato alle esigenze individuali e alle specifiche situazioni. Ogni membro del team ha competenze e requisiti diversi, e il leader deve essere in grado di personalizzare il supporto in base a queste variabili. Una valutazione continua delle esigenze e delle prestazioni del team aiuta a identificare le aree in cui il supporto è necessario e a intervenire tempestivamente. Questo approccio personalizzato non solo migliora la performance, ma contribuisce anche a costruire una relazione di fiducia e a rafforzare l'impegno del team.

Il coinvolgimento diretto del leader nel monitoraggio dei progressi e nel fornire supporto continuo è essenziale per mantenere il team allineato con gli obiettivi e le aspettative. Questo coinvolgimento può includere incontri regolari di aggiornamento, revisioni di progetto e sessioni di coaching. I leader devono essere accessibili e disponibili per rispondere a domande, chiarire dubbi e risolvere problemi che possono sorgere durante l'esecuzione del compito. Una comunicazione aperta e una disponibilità costante contribuiscono a creare un ambiente di lavoro collaborativo e supportivo.

Un altro aspetto importante del supporto è la gestione delle difficoltà e delle sfide. Quando i membri del team affrontano ostacoli o difficoltà, è fondamentale che il leader offra un supporto pratico e motivazionale. Questo può includere la ricerca di soluzioni alternative, la facilitazione di risorse aggiuntive o l'assistenza nel superare problemi complessi. La gestione proattiva delle difficoltà aiuta a mantenere il morale alto e a garantire che i problemi non ostacolino il progresso del progetto.

Inoltre, la creazione di un ambiente di feedback aperto e costruttivo è essenziale per il successo della delega. I leader devono incoraggiare una cultura di feedback reciproco, dove i membri del team si sentano a loro agio nel dare e ricevere feedback. Questa cultura promuove un miglioramento continuo e facilita una comunicazione più efficace all'interno del team. I leader devono dimostrare un atteggiamento positivo verso il feedback, utilizzandolo come uno strumento per la crescita e il miglioramento piuttosto che come una critica.

Infine, il riconoscimento dei successi e dei miglioramenti è un componente chiave del supporto. Celebrare i risultati raggiunti e i progressi compiuti rafforza la motivazione e l'impegno del team. Il riconoscimento può assumere forme diverse, come elogiare pubblicamente i successi, offrire incentivi o semplicemente esprimere gratitudine. Questo rinforzo positivo non solo migliora il morale, ma contribuisce anche a consolidare le buone pratiche e a incoraggiare una continua eccellenza.

In sintesi, fornire feedback e supporto è una pratica cruciale nella delega efficace e richiede un approccio equilibrato e strategico. Un feedback chiaro, specifico e tempestivo, combinato con un supporto personalizzato e proattivo, è essenziale per garantire il successo del team e per sviluppare le competenze individuali.

Creare un ambiente di feedback aperto, gestire le difficoltà e riconoscere i successi sono tutti elementi fondamentali per sostenere un team motivato e altamente performante. Un leader deve adottare un approccio olistico e inclusivo nella fornitura di feedback e supporto per assicurare il raggiungimento degli obiettivi e il continuo sviluppo del team.

Capitolo 10: Motivare e ispirare gli altri

Riconoscere e premiare i successi

"IL RICONOSCIMENTO È IL PREMIO SILENZIOSO PER IL LAVORO BEN FATTO." – Alexander Smith

Riconoscere e premiare i successi rappresenta una delle pratiche più efficaci per motivare e ispirare i membri di un team. Questo processo non solo contribuisce a mantenere alto il morale, ma rafforza anche l'impegno verso gli obiettivi e stimola un ambiente di lavoro positivo e produttivo. Tuttavia, riconoscere e premiare i successi richiede una comprensione profonda delle dinamiche di motivazione e dei diversi fattori che influenzano il comportamento e le aspettative dei membri del team. Un approccio strategico e ben ponderato può massimizzare l'impatto di queste pratiche e contribuire significativamente al successo complessivo dell'organizzazione.

Il riconoscimento dei successi deve essere tempestivo e pertinente. Quando un membro del team raggiunge un obiettivo o completa un compito con successo, è fondamentale che il riconoscimento avvenga il più presto possibile. Questo non solo celebra il risultato immediato, ma sottolinea anche l'importanza dell'impegno e delle prestazioni del singolo. La tempestività del riconoscimento aiuta a collegare direttamente il successo all'azione specifica che lo ha generato, rendendo il feedback più significativo e motivante. Ad esempio, congratularsi subito dopo il completamento di un progetto di successo rafforza il legame tra il comportamento e il risultato positivo.

Il riconoscimento deve essere specifico e autentico. Un riconoscimento generico come "Buon lavoro" può risultare inefficace, poiché non chiarisce cosa è stato fatto bene. Un riconoscimento specifico, come "Hai gestito magnificamente la presentazione al cliente, evidenziando in modo chiaro i benefici del nostro prodotto," fornisce un feedback dettagliato che aiuta il membro del team a comprendere quali aspetti del suo lavoro sono stati apprezzati. La specificità non solo aumenta l'efficacia del riconoscimento, ma dimostra anche che il leader è consapevole e attento ai dettagli del lavoro del team. Inoltre, l'autenticità è cruciale; i membri del team devono percepire il riconoscimento come genuino e non come una formalità. Un riconoscimento autentico riflette un sincero apprezzamento per gli sforzi e i risultati ottenuti.

Il premio, che può essere tangibile o intangibile, deve essere appropriato e allineato con l'entità del successo raggiunto. I premi tangibili, come bonus, regali o altri incentivi materiali, possono essere particolarmente efficaci per motivare il team, ma è importante che siano percepiti come equi e giustificati. I premi intangibili, come opportunità di sviluppo professionale, riconoscimenti pubblici o un maggiore grado di autonomia, possono essere altrettanto potenti e spesso influenzano positivamente la motivazione e l'engagement a lungo termine. La chiave è garantire che il premio scelto sia proporzionato al successo ottenuto e rispecchi le preferenze e le aspettative del destinatario.

È utile considerare la varietà nei metodi di riconoscimento e premio per soddisfare le diverse preferenze individuali all'interno del team. Alcuni membri potrebbero preferire un riconoscimento pubblico, mentre altri potrebbero apprezzare un elogio privato. Alcuni potrebbero essere motivati da premi materiali, mentre altri potrebbero essere più interessati a opportunità di crescita o a sfide professionali. Conoscere le preferenze individuali e personalizzare il riconoscimento e i premi di conseguenza può aumentare l'efficacia di queste pratiche e migliorare la soddisfazione e la motivazione complessiva.

Il riconoscimento e il premio dovrebbero essere integrati in una cultura di apprezzamento e supporto continuo. Creare un ambiente in cui i successi vengono regolarmente celebrati e in cui gli sforzi sono costantemente riconosciuti contribuisce a rafforzare la motivazione intrinseca e a promuovere un clima di lavoro positivo. Questo approccio non solo aiuta a mantenere alto il morale, ma incentiva anche una mentalità orientata ai risultati e alla collaborazione. Ad esempio, l'implementazione di un programma di riconoscimento formale, come un "Dipendente del mese" o una "Cerimonia di premiazione annuale," può fornire una struttura per celebrare i successi e incentivare un comportamento eccellente.

La comunicazione è un aspetto essenziale del riconoscimento e del premio. Un leader deve comunicare chiaramente perché e come i successi sono stati riconosciuti e premiati. Questo non solo aiuta a garantire che il riconoscimento sia percepito come giusto e meritato, ma serve anche da esempio per gli altri membri del team. Una comunicazione chiara sul valore e sull'impatto dei successi contribuisce a rafforzare le aspettative e a orientare il comportamento verso gli obiettivi desiderati. Inoltre, la trasparenza nella comunicazione del riconoscimento e dei premi può contribuire a costruire un ambiente di lavoro più equo e inclusivo.

È importante anche considerare l'effetto del riconoscimento e del premio sulla coesione del team e sull'armonia del gruppo. Se non gestito correttamente, il riconoscimento può causare sentimenti di gelosia o rivalità tra i membri del team. Per evitare questi problemi, è essenziale garantire che il riconoscimento sia distribuito equamente e che ogni membro del team abbia l'opportunità di essere riconosciuto per i propri contributi. Promuovere una cultura di collaborazione e di sostegno reciproco aiuta a prevenire conflitti e a mantenere un ambiente di lavoro armonioso e produttivo.

Infine, il riconoscimento e il premio devono essere parte di una strategia di gestione della performance che include feedback regolare, sviluppo professionale e opportunità di crescita. I riconoscimenti e i premi dovrebbero integrarsi in un quadro più ampio di sviluppo e miglioramento continuo, contribuendo a motivare i membri del team e a favorire una cultura di eccellenza e di innovazione. Questo approccio olistico garantisce che il riconoscimento e il premio siano utilizzati come strumenti strategici per guidare il successo e per stimolare un comportamento orientato ai risultati.

In sintesi, riconoscere e premiare i successi è una pratica fondamentale per motivare e ispirare i membri del team. La tempestività, la specificità e l'autenticità del riconoscimento, combinati con premi appropriati e personalizzati, sono essenziali per massimizzare l'efficacia di queste pratiche. Integrare il riconoscimento e il premio in una cultura di apprezzamento, comunicare chiaramente e considerare l'effetto sulla coesione del team sono tutti aspetti cruciali per creare un ambiente di lavoro positivo e produttivo. Un leader deve adottare un approccio strategico e inclusivo per garantire che il riconoscimento e il premio contribuiscano al successo complessivo dell'organizzazione e al miglioramento continuo del team.

Creare opportunità di crescita e sviluppo

"IL PIÙ GRANDE LEADER NON È NECESSARIAMENTE COLUI CHE FA LE COSE PIÙ GRANDI. È COLUI CHE RIESCE A FAR FARE ALLE PERSONE LE COSE PIÙ GRANDI." — Ronald Reagan

Creare opportunità di crescita e sviluppo rappresenta un aspetto fondamentale della leadership efficace. Offrire ai membri del team l'accesso a opportunità di crescita professionale non solo contribuisce al loro sviluppo individuale, ma anche alla crescita e al successo complessivo dell'organizzazione. Le opportunità di crescita e sviluppo possono assumere diverse forme, tra cui formazione, mentoring, esperienze di lavoro nuove e stimolanti, e accesso a risorse che facilitano l'acquisizione di nuove competenze. Per i leader, è essenziale comprendere come progettare e implementare queste opportunità in modo strategico e personalizzato, tenendo conto delle esigenze e degli obiettivi di ciascun membro del team.

Uno dei principali vantaggi di creare opportunità di crescita è che queste possono aiutare a mantenere alta la motivazione e l'impegno. Quando i membri del team vedono che c'è un chiaro percorso di sviluppo e che i loro sforzi sono riconosciuti e ricompensati con opportunità di avanzamento, tendono a sentirsi più motivati e coinvolti nel loro lavoro. Questo non solo migliora la loro performance, ma contribuisce anche alla loro soddisfazione lavorativa e alla fidelizzazione. Inoltre, le opportunità di crescita possono stimolare una maggiore innovazione e creatività, poiché i membri del team sono incoraggiati a sviluppare nuove competenze e ad applicare le loro conoscenze in modi nuovi e diversi.

Le opportunità di crescita possono includere programmi di formazione e sviluppo che offrono competenze tecniche e soft skills. I programmi di formazione possono variare da corsi formali a seminari e workshop, e dovrebbero essere progettati per rispondere alle esigenze specifiche del team e degli individui. È importante che i leader identifichino le aree in cui le competenze del team possono essere migliorate e offrano corsi e risorse che affrontino queste lacune. Ad esempio, se un team ha bisogno di migliorare le sue capacità di gestione del tempo, un corso specifico su questo argomento potrebbe essere molto utile. Allo stesso modo, se la comunicazione è un'area di miglioramento, seminari su tecniche di comunicazione efficace possono essere molto benefici.

Il mentoring e il coaching sono altre importanti opportunità di crescita che possono avere un impatto significativo sullo sviluppo professionale dei membri del team. Il mentoring offre un'opportunità per apprendere direttamente da esperti più esperti, ricevere consigli e orientamento, e sviluppare una rete di contatti professionali. I programmi di mentoring possono essere strutturati formalmente, con incontri regolari e obiettivi specifici, oppure informali, con relazioni che si sviluppano naturalmente nel tempo. Il coaching, d'altra parte, è spesso più focalizzato e orientato al raggiungimento di obiettivi specifici. Un coach può lavorare con un individuo per sviluppare competenze specifiche, superare ostacoli e migliorare la performance.

Offrire esperienze lavorative nuove e stimolanti è un altro modo efficace per favorire la crescita e lo sviluppo. Assegnare progetti sfidanti, ruoli di leadership temporanei o incarichi speciali consente ai membri del team di acquisire nuove competenze e di espandere il loro repertorio professionale. Queste esperienze offrono opportunità di apprendimento pratico e possono aiutare i membri del team a scoprire e sviluppare talenti e interessi che potrebbero non essere stati evidenti in precedenza. Ad esempio, un membro del team che dimostra abilità nella gestione di progetti complessi potrebbe essere incaricato di guidare un nuovo progetto o di assumere un ruolo di leadership in un'iniziativa strategica.

È fondamentale che i leader creino un ambiente che incoraggi la crescita e il miglioramento continuo. Questo può includere la creazione di una cultura che valorizzi l'apprendimento e il progresso, e che sostenga i membri del team nel loro percorso di sviluppo. La creazione di una cultura di apprendimento richiede che i leader promuovano attivamente le opportunità di formazione e sviluppo, e che dimostrino un impegno personale per la crescita e il miglioramento. I leader devono anche essere aperti e disponibili a fornire feedback costruttivo e a supportare i membri del team nel loro percorso di sviluppo professionale.

La pianificazione e la gestione delle opportunità di crescita richiedono anche una considerazione attenta delle esigenze e degli obiettivi individuali. Ogni membro del team ha obiettivi e aspirazioni diverse, e le opportunità di crescita dovrebbero essere personalizzate per rispondere a queste esigenze. Un leader efficace lavora a stretto contatto con i membri del team per comprendere le loro ambizioni professionali e per aiutarli a sviluppare piani di crescita personalizzati. Questo approccio personalizzato non solo aumenta l'efficacia delle opportunità di crescita, ma dimostra anche un impegno sincero nel sostenere il successo individuale e professionale.

Inoltre, è importante che i leader monitorino e valutino l'efficacia delle opportunità di crescita e sviluppo offerte. Questo può includere la raccolta di feedback dai membri del team, la valutazione dei risultati e l'analisi dell'impatto sul rendimento e sulla soddisfazione. La valutazione continua consente ai leader di apportare modifiche e miglioramenti ai programmi di formazione e alle opportunità di sviluppo, assicurando che rimangano rilevanti e utili. È anche utile tenere traccia dei progressi e dei successi dei membri del team, per garantire che le opportunità di crescita siano effettivamente efficaci e che contribuiscano al raggiungimento degli obiettivi personali e professionali.

Infine, creare opportunità di crescita e sviluppo richiede un impegno continuo e una visione a lungo termine. I leader devono essere pronti a investire tempo e risorse nello sviluppo del team, riconoscendo che questo investimento produce risultati significativi sia a breve che a lungo termine. Le opportunità di crescita non solo migliorano le competenze e le prestazioni individuali, ma contribuiscono anche alla costruzione di una cultura di eccellenza e innovazione all'interno dell'organizzazione. Investire nel potenziale umano è uno degli aspetti più preziosi della leadership e rappresenta un elemento chiave per il successo e la sostenibilità dell'organizzazione.

In sintesi, creare opportunità di crescita e sviluppo è una pratica fondamentale per motivare e ispirare i membri del team. Offrire programmi di formazione, mentoring, esperienze di lavoro stimolanti e creare una cultura di apprendimento sono tutti aspetti cruciali di questo processo. La personalizzazione delle opportunità di crescita, la valutazione continua e l'impegno a lungo termine sono essenziali per garantire che queste opportunità siano efficaci e che contribuiscano al successo individuale e organizzativo. Un leader deve adottare un approccio strategico e personalizzato nella creazione di opportunità di crescita e sviluppo per massimizzare l'impatto positivo sul team e sull'organizzazione.

Dare feedback costruttivo

"IL FEEDBACK È IL MIGLIOR STRUMENTO PER MIGLIORARE." — Bill Gates

Dare feedback costruttivo è una competenza cruciale per i leader e i manager, poiché influisce direttamente sulla crescita e sul miglioramento delle prestazioni dei membri del team. Il feedback costruttivo, se dato e ricevuto correttamente, non solo aiuta gli individui a riconoscere e affrontare le aree di miglioramento, ma può anche rafforzare le loro competenze e motivarli a perseguire risultati superiori. Per essere veramente efficace, il feedback deve essere chiaro, specifico, tempestivo e orientato alla crescita. Ecco un'analisi approfondita di come fornire feedback costruttivo in modo efficace.

1. Preparazione e Contestualizzazione

Prima di dare feedback, è essenziale prepararsi adeguatamente e comprendere il contesto in cui si inserisce il feedback. La preparazione implica una riflessione accurata sulle prestazioni dell'individuo e la raccolta di esempi concreti che illustrano i punti di forza e le aree di miglioramento. È fondamentale che il feedback sia basato su osservazioni oggettive e dati reali piuttosto che su percezioni personali o supposizioni.

Il contesto del feedback deve essere chiaro e pertinente. Ad esempio, se un membro del team ha commesso un errore in un progetto specifico, il feedback dovrebbe riguardare quell'errore e le sue implicazioni. Fornire feedback in un contesto rilevante e attuale aiuta a garantire che il messaggio sia pertinente e che l'individuo possa applicare le correzioni in modo immediato e efficace.

2. Specificità e Chiarezza

Un feedback costruttivo deve essere specifico e chiaro. Le osservazioni vaghe come "Hai bisogno di migliorare" non sono utili e possono lasciare l'individuo confuso su cosa fare per migliorare. Al contrario, un feedback specifico, come "Ho notato che il report che hai presentato mancava di alcuni dati chiave. È importante includere tutte le informazioni richieste per garantire la completezza del report," fornisce un'indicazione chiara su cosa è necessario modificare e perché. La chiarezza e la specificità aiutano a evitare malintesi e a garantire che l'individuo sappia esattamente quali cambiamenti apportare.

3. Tempestività

La tempestività è un elemento cruciale del feedback costruttivo. Fornire feedback subito dopo l'osservazione di un comportamento o di un risultato consente di affrontare le questioni in tempo reale e di prevenire il deterioramento della situazione. Il feedback tempestivo aiuta anche a collegare direttamente il comportamento al risultato e a mantenere il focus su questioni specifiche piuttosto che su problemi generali. Ad esempio, se un errore è stato commesso durante una riunione, è più efficace fornire feedback subito dopo l'incontro piuttosto che settimane dopo, quando il ricordo dell'errore potrebbe essere meno chiaro.

4. Equilibrio tra Positivo e Negativo

Un feedback costruttivo dovrebbe includere un equilibrio tra osservazioni positive e aree di miglioramento. Questo approccio, noto come "sandwich feedback," aiuta a mantenere alta la motivazione e a prevenire la demoralizzazione. Iniziare con un riconoscimento dei successi e dei punti di forza dell'individuo crea un contesto positivo e apre la strada per affrontare le aree di miglioramento. Successivamente, discutere le aree di miglioramento in modo chiaro e costruttivo, e concludere con ulteriori rinforzi positivi e suggerimenti per il futuro, aiuta a mantenere un tono equilibrato e costruttivo. Questo metodo contribuisce a creare un ambiente di apprendimento e a motivare l'individuo a migliorare.

5. Focus sul Comportamento, Non sulla Persona

Quando si fornisce feedback, è importante concentrarsi sul comportamento o sui risultati piuttosto che sulla persona. Criticare la persona stessa, ad esempio dicendo "Sei sempre disorganizzato," può essere percepito come un attacco personale e può danneggiare la relazione e la fiducia. Invece, è più produttivo focalizzarsi sul comportamento specifico, come "Ho notato che la tua gestione del tempo durante il progetto è stata inefficace. Potremmo lavorare insieme su strategie per migliorare la pianificazione e l'organizzazione." Questo approccio aiuta a mantenere il feedback costruttivo e orientato al miglioramento piuttosto che alla critica personale.

6. Offrire Soluzioni e Supporto

Un feedback costruttivo non si limita a identificare problemi, ma deve anche proporre soluzioni pratiche e offrire supporto. È importante discutere le azioni che l'individuo può intraprendere per migliorare e fornire risorse o supporto per aiutare a raggiungere questi obiettivi. Ad esempio, se un membro del team ha difficoltà con le presentazioni, si potrebbe suggerire di partecipare a un corso di public speaking o di fare delle prove con un mentore. Fornire soluzioni concrete e supporto aiuta a garantire che il feedback sia utile e applicabile.

7. Favorire il Dialogo e l'Ascolto Attivo

Il feedback costruttivo dovrebbe essere un processo bidirezionale che incoraggia il dialogo e l'ascolto attivo. Dopo aver fornito il feedback, è importante dare all'individuo l'opportunità di esprimere le proprie osservazioni, preoccupazioni e domande. Questo approccio non solo favorisce una comprensione reciproca, ma consente anche di chiarire eventuali malintesi e di identificare ulteriori aree di supporto o miglioramento. L'ascolto attivo dimostra rispetto e apertura, e contribuisce a costruire una relazione di fiducia tra il leader e il membro del team.

8. Monitorare e Valutare i Progressi

Dopo aver fornito il feedback, è essenziale monitorare e valutare i progressi. Stabilire incontri di follow-up per discutere i progressi e le sfide consente di rimanere aggiornati sui miglioramenti e di fornire ulteriori indicazioni o supporto se necessario. Questo processo di monitoraggio aiuta a garantire che il feedback sia stato compreso e applicato correttamente, e dimostra un impegno continuo nel sostenere lo sviluppo dell'individuo. Inoltre, riconoscere e celebrare i progressi compiuti contribuisce a mantenere alta la motivazione e a rafforzare il comportamento positivo.

9. Adattare il Feedback al Contesto Culturale e Individuale

Infine, è importante adattare il feedback al contesto culturale e individuale. Le norme culturali e le preferenze personali possono influenzare il modo in cui il feedback viene ricevuto e interpretato. Un leader deve essere consapevole di queste variabili e adattare il proprio approccio di conseguenza. Ad esempio, alcune culture possono preferire un feedback più diretto e formale, mentre altre potrebbero apprezzare un approccio più delicato e informale. Adattare il feedback al contesto culturale e alle preferenze individuali aiuta a garantire che il messaggio sia ricevuto in modo positivo e costruttivo.

In sintesi, dare feedback costruttivo è una pratica fondamentale per la crescita e lo sviluppo professionale. Preparazione e contestualizzazione, specificità e chiarezza, tempestività, equilibrio tra positivo e negativo, focus sul comportamento, offerta di soluzioni e supporto, dialogo e ascolto attivo, monitoraggio dei progressi e adattamento al contesto culturale e individuale sono tutti elementi cruciali per garantire che il feedback sia efficace e utile. Un leader deve adottare un approccio strategico e ben ponderato per fornire feedback costruttivo che promuova il miglioramento e la crescita continua del team e dell'organizzazione.

Creare un senso di appartenenza

Creare un senso di appartenenza all'interno di un'organizzazione è una competenza cruciale per qualsiasi leader. Un forte senso di appartenenza non solo favorisce un ambiente di lavoro positivo, ma può anche migliorare la produttività, l'engagement e la fidelizzazione dei dipendenti. Quando i membri del team si sentono parte integrante di un gruppo, tendono a essere più motivati, impegnati e disposti a contribuire al successo collettivo. Tuttavia, la creazione di questo senso di appartenenza richiede una comprensione profonda delle dinamiche di gruppo, una comunicazione efficace e l'implementazione di pratiche che rafforzino il legame tra i membri del team e l'organizzazione.

1. Promuovere una Visione e una Missione Condivisa

Un senso di appartenenza inizia con una chiara comprensione e condivisione della visione e della missione dell'organizzazione. Quando i membri del team comprendono e si identificano con gli obiettivi e i valori dell'organizzazione, si sentono parte di qualcosa di più grande di loro stessi. È fondamentale che i leader comunichino chiaramente la visione e la missione dell'organizzazione, coinvolgendo i membri del team nel processo di definizione e aggiornamento di questi obiettivi. I leader dovrebbero sottolineare come il lavoro di ciascuno contribuisce al raggiungimento di tali obiettivi e come ogni individuo abbia un ruolo fondamentale nel successo dell'organizzazione.

2. Costruire Relazioni Positive e Autentiche

Le relazioni interpersonali sono alla base del senso di appartenenza. Creare un ambiente in cui i membri del team si sentano rispettati, apprezzati e supportati è essenziale per costruire un forte senso di comunità. I leader devono lavorare per costruire relazioni autentiche e positive con i membri del team, mostrando empatia, interesse genuino e disponibilità ad ascoltare. La creazione di opportunità per interazioni sociali, come eventi di team-building e incontri informali, può aiutare a rafforzare i legami tra i membri del team e a favorire un ambiente di lavoro collaborativo e inclusivo.

3. Riconoscere e Celebrere i Successi

Il riconoscimento e la celebrazione dei successi individuali e di gruppo sono elementi fondamentali per creare un senso di appartenenza. Quando i membri del team vedono che i loro sforzi e risultati sono riconosciuti e apprezzati, si sentono valorizzati e motivati. È importante che i leader celebrino non solo i grandi successi, ma anche i piccoli traguardi e le conquiste quotidiane. Le celebrazioni possono assumere forme diverse, come premi, elogi pubblici o semplici gesti di apprezzamento. Questo tipo di riconoscimento contribuisce a creare un ambiente di lavoro positivo e a rafforzare il legame tra i membri del team e l'organizzazione.

4. Promuovere la Partecipazione e il Coinvolgimento

Coinvolgere i membri del team nei processi decisionali e nella pianificazione strategica è un altro modo efficace per creare un senso di appartenenza. Quando le persone sono coinvolte nelle decisioni che influenzano il loro lavoro e l'organizzazione, si sentono più investite e responsabilizzate. I leader dovrebbero incoraggiare la partecipazione e il coinvolgimento, creando spazi per il dialogo aperto e il contributo di idee. Le riunioni di brainstorming, i gruppi di lavoro e le sessioni di feedback sono tutte opportunità per coinvolgere i membri del team e farli sentire parte integrante del processo decisionale.

5. Favorire la Diversità e l'Inclusione

La diversità e l'inclusione sono componenti chiave per creare un ambiente di lavoro in cui tutti si sentano accettati e rispettati. Promuovere una cultura di inclusività significa riconoscere e valorizzare le differenze tra i membri del team, e garantire che tutti abbiano pari opportunità e diritti. I leader devono lavorare per creare un ambiente in cui ogni individuo possa esprimere se stesso liberamente e sentirsi accolto, indipendentemente da background culturale, genere, orientamento sessuale o altre caratteristiche personali. Questo non solo contribuisce a un senso di appartenenza, ma arricchisce anche l'organizzazione con una varietà di prospettive e competenze.

6. Offrire Supporto e Risorse per il Benessere

Il benessere dei membri del team è strettamente legato al loro senso di appartenenza. I leader devono offrire supporto e risorse per aiutare i membri del team a gestire lo stress, mantenere un equilibrio tra vita professionale e privata e affrontare le sfide personali e professionali. Questo può includere la creazione di programmi di benessere, l'offerta di supporto psicologico e la promozione di una cultura di cura e attenzione reciproca. Quando i membri del team si sentono sostenuti e assistiti, sono più propensi a sentirsi parte di una comunità e a contribuire positivamente all'ambiente di lavoro.

7. Stabilire e Mantenere una Comunicazione Aperta e Trasparente

La comunicazione aperta e trasparente è essenziale per costruire e mantenere un senso di appartenenza. I membri del team devono sentirsi informati e aggiornati riguardo alle questioni importanti dell'organizzazione, e devono avere l'opportunità di esprimere le loro preoccupazioni e suggerimenti. I leader devono promuovere una cultura di comunicazione aperta, in cui le informazioni vengono condivise in modo chiaro e tempestivo, e in cui le preoccupazioni vengono ascoltate e affrontate. Questo aiuta a costruire fiducia e a garantire che tutti i membri del team si sentano parte integrante della comunità.

8. Creare Opportunità di Crescita e Sviluppo

Offrire opportunità di crescita e sviluppo è un altro modo per creare un senso di appartenenza. Quando i membri del team vedono che l'organizzazione investe nel loro sviluppo professionale e personale, si sentono più motivati e impegnati. I leader dovrebbero creare percorsi di carriera chiari, offrire programmi di formazione e mentoring, e incoraggiare l'acquisizione di nuove competenze. Queste opportunità non solo aiutano i membri del team a crescere, ma dimostrano anche che l'organizzazione è investita nel loro successo e nella loro soddisfazione.

9. Ascoltare e Rispondere alle Esigenze dei Membri del Team

Ascoltare e rispondere alle esigenze e alle preoccupazioni dei membri del team è essenziale per creare un senso di appartenenza. I leader devono essere proattivi nel cercare feedback e nel comprendere le esigenze dei membri del team. Questo implica la creazione di canali di comunicazione efficaci, come sondaggi, interviste e incontri individuali, e l'adozione di misure per affrontare le preoccupazioni e le richieste emerse. Rispondere in modo tempestivo e appropriato alle esigenze dimostra un impegno verso il benessere dei membri del team e contribuisce a rafforzare il loro senso di appartenenza.

10. Celebrare la Cultura e i Valori dell'Organizzazione

Infine, è importante celebrare e promuovere la cultura e i valori dell'organizzazione. I leader devono essere modelli di comportamento e incarnare i valori fondamentali dell'organizzazione, e devono promuovere attività e iniziative che riflettano e rafforzino questi valori. Celebrare i successi e le realizzazioni in linea con la cultura e i valori dell'organizzazione aiuta a rafforzare il senso di appartenenza e a mantenere un ambiente di lavoro coeso e motivato.

In conclusione, creare un senso di appartenenza richiede un approccio multifacetico e strategico che include la promozione di una visione condivisa, la costruzione di relazioni positive, il riconoscimento dei successi, il coinvolgimento nei processi decisionali, la promozione della diversità e dell'inclusione, il supporto al benessere, la comunicazione aperta, le opportunità di crescita e sviluppo, l'ascolto delle esigenze e la celebrazione della cultura e dei valori. Adottare queste pratiche aiuta a costruire una comunità coesa e impegnata, in cui i membri del team si sentono valorizzati e parte integrante del successo dell'organizzazione. Un forte senso di appartenenza non solo migliora il morale e la soddisfazione, ma contribuisce anche a un ambiente di lavoro più produttivo e positivo.

Capitolo 11: Prendere decisioni difficili

Raccogliere informazioni

"IL DUBBIO È L'INIZIO DELLA SAGGEZZA." — Aristotele

Prendere decisioni difficili è una parte inevitabile del ruolo di un leader e, per affrontarle in modo efficace, è essenziale raccogliere informazioni complete e accurate. La qualità delle decisioni dipende direttamente dalla qualità delle informazioni su cui si basano, e una raccolta inefficace dei dati può portare a scelte subottimali che possono avere impatti significativi sull'organizzazione e sui suoi membri. In questo capitolo, esploreremo in dettaglio come raccogliere informazioni in modo sistematico e strategico per prendere decisioni difficili, analizzando le migliori pratiche e gli approcci chiave.

1. Definire Chiaramente il Problema

Il primo passo nella raccolta di informazioni è definire chiaramente il problema o la questione che necessita di una decisione. Una comprensione precisa del problema aiuta a orientare la raccolta delle informazioni e a garantire che siano raccolti i dati pertinenti. Per definire il problema, è utile formulare domande chiare e specifiche che delineino esattamente ciò che deve essere risolto. Ad esempio, se un'organizzazione sta considerando una ristrutturazione, il problema potrebbe essere definito come: "Quali sono i potenziali impatti della ristrutturazione sull'efficacia operativa e sul morale del personale?" Una definizione chiara del problema guida il processo di raccolta delle informazioni e garantisce che i dati raccolti siano rilevanti e utili.

2. Identificare le Fonti di Informazione

Una volta definito il problema, è fondamentale identificare le fonti di informazione che possono fornire i dati necessari per prendere una decisione informata. Le fonti di informazione possono essere suddivise in diverse categorie:

- **Fonti interne**: Dati provenienti dall'interno dell'organizzazione, come report di performance, sondaggi del personale, feedback dei clienti e analisi finanziarie. Le informazioni interne forniscono una panoramica dettagliata della situazione attuale e delle operazioni dell'organizzazione.

- **Fonti esterne**: Dati provenienti dall'esterno dell'organizzazione, come ricerche di mercato, report di settore, studi accademici e tendenze economiche. Le informazioni esterne offrono una prospettiva più ampia e contestuale su fattori esterni che potrebbero influenzare la decisione.

- **Fonti primarie e secondarie**: Le fonti primarie comprendono dati raccolti direttamente attraverso interviste, sondaggi o esperimenti, mentre le fonti secondarie comprendono dati già pubblicati e analizzati, come report di analisi o studi di caso.

Identificare e utilizzare una combinazione di queste fonti consente di ottenere una visione completa e sfumata del problema.

3. Raccogliere Dati Quantitativi e Qualitativi

Per prendere decisioni ben informate, è importante raccogliere sia dati quantitativi che qualitativi. I dati quantitativi, come numeri e statistiche, offrono misurazioni oggettive e concrete, mentre i dati qualitativi, come opinioni e percezioni, forniscono insight più profondi e contestuali.

- **Dati quantitativi**: Questi includono statistiche, numeri finanziari, indicatori di performance e altre misurazioni numeriche. I dati quantitativi sono utili per analizzare tendenze, modelli e relazioni tra variabili. Ad esempio, le metriche di performance finanziaria possono fornire una base per valutare l'impatto di una decisione su fattori come il profitto e i costi.

- **Dati qualitativi**: Questi includono feedback, testimonianze e osservazioni che offrono una comprensione più profonda delle esperienze e delle percezioni delle persone coinvolte. I dati qualitativi sono utili per ottenere una visione più completa delle implicazioni emotive e comportamentali delle decisioni. Ad esempio, le interviste con i dipendenti possono rivelare preoccupazioni o suggerimenti che non emergerebbero dai dati numerici.

4. Utilizzare Tecniche di Ricerca e Analisi

Per raccogliere informazioni in modo sistematico, è utile utilizzare tecniche di ricerca e analisi appropriate. Alcuni approcci comuni includono:

- **Sondaggi e Questionari**: Strumenti utili per raccogliere dati da un ampio gruppo di persone. Possono essere utilizzati per ottenere feedback su vari aspetti delle operazioni o per valutare le opinioni e le preferenze dei dipendenti e dei clienti.

- **Interviste**: Conversazioni approfondite con individui chiave che possono fornire insight dettagliati e contestuali. Le interviste possono essere strutturate, semi-strutturate o non strutturate, a seconda del livello di dettaglio e della flessibilità richiesta.

- **Focus Group**: Discussioni di gruppo guidate che consentono di esplorare opinioni e percezioni su un argomento specifico. I focus group possono fornire una varietà di prospettive e stimolare discussioni che rivelano informazioni preziose.

- **Analisi dei Dati Storici**: Esaminare i dati passati per identificare tendenze e modelli che possono informare le decisioni future. L'analisi dei dati storici può aiutare a prevedere gli effetti di decisioni simili in passato e a valutare le conseguenze di eventuali cambiamenti.

- **Ricerca di Mercato**: Studio delle tendenze e delle dinamiche del mercato per comprendere le forze esterne che potrebbero influenzare la decisione. La ricerca di mercato fornisce dati su concorrenza, domanda dei clienti e condizioni economiche.

5. Valutare la Credibilità e l'Affidabilità delle Informazioni

È cruciale valutare la credibilità e l'affidabilità delle informazioni raccolte. Le fonti di dati devono essere verificate per garantire che siano accurate, aggiornate e rilevanti. Alcuni aspetti da considerare includono:

- **Autorevolezza della Fonte**: Verificare che la fonte delle informazioni sia competente e rispettata nel suo campo. Ad esempio, rapporti provenienti da istituti di ricerca accademica o da esperti del settore tendono a essere più affidabili.

- **Accuratezza e Completezza**: Assicurarsi che le informazioni siano precise e complete. Dati imprecisi o incompleti possono portare a conclusioni errate e decisioni sbagliate.

- **Recentità**: Considerare la data di raccolta delle informazioni. Dati obsoleti possono non riflettere le condizioni attuali e possono essere meno rilevanti per le decisioni future.

- **Bias e Neutralità**: Essere consapevoli di eventuali pregiudizi nella raccolta e nella presentazione delle informazioni. È importante considerare una varietà di fonti e prospettive per ottenere un quadro equilibrato e obiettivo.

6. Analizzare e Sintetizzare i Dati

Una volta raccolte le informazioni, è necessario analizzarle e sintetizzarle per trarre conclusioni significative. L'analisi dei dati implica esaminare le informazioni per identificare tendenze, modelli e relazioni. La sintesi dei dati consiste nel raggruppare e organizzare le informazioni in modo da ottenere una visione chiara e coerente del problema.

L'analisi può includere l'uso di strumenti statistici e analitici per elaborare i dati quantitativi e tecniche qualitative per interpretare i feedback e le opinioni. La sintesi deve integrare i dati quantitativi e qualitativi, fornendo una panoramica completa delle informazioni disponibili e facilitando una decisione ben informata.

7. Consultare Esperti e Collaboratori

In molti casi, è utile consultare esperti e collaboratori che possono offrire ulteriori insight e prospettive. Gli esperti possono fornire consulenze specialistiche e consigli basati sulla loro esperienza e conoscenza del settore. Collaboratori interni possono offrire feedback pratici e contestuali che potrebbero non emergere dai dati. La consultazione di esperti e collaboratori aiuta a garantire che tutte le angolazioni siano considerate e che la decisione sia ben informata.

8. Documentare il Processo di Raccolta delle Informazioni

Infine, è importante documentare il processo di raccolta delle informazioni per garantire trasparenza e tracciabilità. La documentazione include la registrazione delle fonti di dati, delle tecniche di raccolta e delle analisi effettuate. Questo non solo fornisce una base solida per la decisione, ma consente anche di rivedere e riflettere sul processo in futuro. La documentazione aiuta a garantire che le decisioni siano basate su un processo ben strutturato e giustificabile.

In sintesi, raccogliere informazioni in modo efficace è fondamentale per prendere decisioni difficili con sicurezza e precisione. Definire chiaramente il problema, identificare le fonti di informazione, raccogliere dati quantitativi e qualitativi, utilizzare tecniche di ricerca e analisi, valutare la credibilità delle informazioni, analizzare e sintetizzare i dati, consultare esperti e collaboratori, e documentare il processo sono tutti elementi cruciali per garantire che le decisioni siano ben informate e basate su dati solidi. Un processo di raccolta delle informazioni ben gestito fornisce una base solida per prendere decisioni difficili e contribuire al successo

Valutare le opzioni

"LA SAGGEZZA CONSISTE NEL FARE LA COSA GIUSTA." — Plutarco

La valutazione delle opzioni è un passaggio cruciale nel processo decisionale, soprattutto quando si affrontano scelte difficili. Dopo aver raccolto tutte le informazioni necessarie, il prossimo passo è analizzare le diverse alternative disponibili per determinare quale opzione rappresenta la migliore soluzione per il problema in questione. La valutazione delle opzioni implica una serie di considerazioni strategiche e analitiche che aiutano a pesare i pro e i contro di ciascuna alternativa e a scegliere la soluzione più vantaggiosa. In questo capitolo, esploreremo i principali aspetti della valutazione delle opzioni, fornendo strumenti e tecniche per effettuare una scelta ben informata e ponderata.

1. Identificare e Definire le Opzioni

Il primo passo nella valutazione delle opzioni è identificare e definire chiaramente le alternative disponibili. Spesso, dopo aver raccolto informazioni, si possono delineare diverse soluzioni potenziali al problema. È essenziale che ogni opzione sia ben definita e descritta in dettaglio per garantire una valutazione accurata. Ad esempio, se l'organizzazione sta considerando diverse strategie di marketing, le opzioni potrebbero includere l'adozione di nuove tecnologie, l'espansione in nuovi mercati, o l'intensificazione delle campagne pubblicitarie esistenti. Definire chiaramente ciascuna opzione consente di analizzare in modo sistematico i suoi vantaggi e svantaggi.

2. Stabilire Criteri di Valutazione

Per valutare le opzioni in modo efficace, è necessario stabilire criteri di valutazione che riflettano gli obiettivi e le priorità dell'organizzazione. I criteri possono includere fattori come:

- **Costo**: Qual è il costo associato a ciascuna opzione? Include spese iniziali, costi ricorrenti e potenziali costi nascosti.

- **Benefici**: Quali sono i benefici attesi di ciascuna opzione? Considera gli impatti positivi a breve e lungo termine, come il miglioramento della performance, l'aumento della soddisfazione dei clienti, o il guadagno di mercato.

- **Risorse Necessarie**: Quali risorse sono necessarie per implementare ogni opzione? Valuta la disponibilità e la capacità delle risorse umane, finanziarie e tecniche.

- **Rischi**: Quali sono i rischi associati a ciascuna opzione? Considera le potenziali conseguenze negative e le probabilità di successo o fallimento.

- **Tempi di Implementazione**: Quanto tempo è necessario per implementare ciascuna opzione? Valuta i tempi di attuazione e le implicazioni per le operazioni quotidiane.

Stabilire criteri di valutazione chiari aiuta a garantire che la scelta sia allineata con gli obiettivi strategici e le esigenze dell'organizzazione.

3. Analizzare i Pro e i Contro di Ogni Opzione

Una volta stabiliti i criteri di valutazione, è importante analizzare i pro e i contro di ciascuna opzione. Questo processo implica una valutazione approfondita dei vantaggi e delle svantaggi associati a ciascuna alternativa. Alcuni suggerimenti per questa analisi includono:

- **Elenco dei Vantaggi e Svantaggi**: Creare un elenco dei vantaggi e svantaggi di ogni opzione in relazione ai criteri stabiliti. Questo aiuta a visualizzare chiaramente come ogni opzione si confronta con le altre.

- **Analisi Comparativa**: Confrontare direttamente le opzioni utilizzando una matrice di decisione o un'altra tecnica analitica. Questo strumento aiuta a valutare quale opzione soddisfa meglio i criteri di valutazione e a identificare le differenze chiave tra le alternative.

- **Valutazione dei Rischi e delle Opportunità**: Considerare i rischi e le opportunità associati a ciascuna opzione. Valuta le potenziali conseguenze di ciascuna scelta e come questi rischi possano essere gestiti o mitigati.

4. Utilizzare Modelli di Decisione

Esistono diversi modelli e strumenti di decisione che possono aiutare a valutare le opzioni in modo più strutturato. Alcuni modelli utili includono:

- **Analisi Costi-Benefici**: Questo modello confronta i costi e i benefici di ciascuna opzione per determinare quale offre il miglior rapporto costo-beneficio. La valutazione dei benefici deve considerare sia gli aspetti tangibili che intangibili.

- **Matrice di Decisione**: Una matrice di decisione è uno strumento che elenca le opzioni e i criteri di valutazione, assegnando punteggi a ciascuna opzione in base alla misura in cui soddisfa ciascun criterio. Questo aiuta a visualizzare le opzioni più vantaggiose.

- **Analisi SWOT**: L'analisi SWOT (forze, debolezze, opportunità e minacce) può essere utilizzata per valutare ciascuna opzione in termini di fattori interni ed esterni che potrebbero influenzare il successo.

- **Scenari e Simulazioni**: Creare scenari e simulazioni per valutare come ogni opzione potrebbe comportarsi in diverse situazioni e condizioni future. Questo aiuta a prevedere le implicazioni a lungo termine delle decisioni.

5. Consultare Stakeholder e Esperti

Consultare stakeholder e esperti è fondamentale per ottenere prospettive diverse e per garantire che tutte le implicazioni delle opzioni siano considerate. Gli stakeholder possono includere membri del team, clienti, fornitori e altri individui o gruppi che potrebbero essere influenzati dalla decisione. Gli esperti possono offrire consigli basati sulla loro esperienza e conoscenza specializzata. Le consultazioni possono fornire insight preziosi e contribuire a una decisione più informata e bilanciata.

6. Considerare le Implicazioni Etiche e Legali

Ogni opzione deve essere valutata anche in termini di implicazioni etiche e legali. È importante assicurarsi che le scelte siano conformi alle normative legali e ai principi etici dell'organizzazione. Le implicazioni etiche possono includere considerazioni sui diritti dei dipendenti, l'impatto ambientale e la responsabilità sociale. Le considerazioni legali includono la conformità alle leggi e regolamenti applicabili. Ignorare questi aspetti può comportare rischi significativi e conseguenze negative per l'organizzazione.

7. Riflettere sui Valori e Obiettivi dell'Organizzazione

Infine, è importante riflettere sui valori e sugli obiettivi dell'organizzazione durante la valutazione delle opzioni. Ogni decisione dovrebbe essere allineata con la missione, i valori e gli obiettivi strategici dell'organizzazione. Considerare come ciascuna opzione si allinea con la cultura e la visione dell'organizzazione aiuta a garantire che le scelte siano coerenti con la direzione complessiva e contribuiscano al successo a lungo termine.

8. Simulare le Conseguenze delle Opzioni

La simulazione delle conseguenze delle opzioni può aiutare a valutare come ogni scelta potrebbe influenzare l'organizzazione e i suoi stakeholder. Questo può includere la creazione di modelli previsionali e la simulazione di scenari futuri per vedere come ogni opzione potrebbe comportarsi in diverse condizioni. Le simulazioni aiutano a identificare potenziali problemi e a valutare l'efficacia delle opzioni in situazioni reali.

9. Prendere una Decisione Basata sui Dati

Una volta completata la valutazione delle opzioni, il passo successivo è prendere una decisione basata sui dati raccolti e sull'analisi effettuata. La decisione dovrebbe essere giustificata sulla base delle informazioni e dei criteri di valutazione, e dovrebbe riflettere un equilibrio tra i benefici, i costi, i rischi e le implicazioni a lungo termine. Assicurati che la decisione sia ben documentata e che le motivazioni siano chiare e trasparenti.

In conclusione, la valutazione delle opzioni è un processo complesso che richiede una considerazione attenta e sistematica di diverse alternative. Definire chiaramente le opzioni, stabilire criteri di valutazione, analizzare i pro e i contro, utilizzare modelli di decisione, consultare stakeholder ed esperti, considerare implicazioni etiche e legali, riflettere sui valori e obiettivi dell'organizzazione, simulare le conseguenze e prendere una decisione basata sui dati sono tutti elementi cruciali per fare scelte informate e efficaci. Una valutazione approfondita e ben strutturata delle opzioni contribuisce a prendere decisioni migliori e a garantire il successo dell'organizzazione.

Considerare le conseguenze

"OGNI AZIONE HA UNA CONSEGUENZA." – Ralph Waldo Emerson

Considerare le conseguenze è un aspetto essenziale del processo decisionale, specialmente quando si affrontano scelte difficili e complesse. La valutazione delle conseguenze implica un'analisi approfondita di come ogni opzione possa influenzare vari aspetti dell'organizzazione e dei suoi stakeholder. Questa riflessione aiuta a garantire che le decisioni non solo risolvano il problema immediato ma contribuiscano anche al successo a lungo termine e al benessere dell'organizzazione nel suo complesso. In questo contesto, è fondamentale considerare diverse dimensioni delle conseguenze, comprese quelle economiche, sociali, ambientali e culturali.

Quando si analizzano le conseguenze di ciascuna opzione, è cruciale valutare sia gli impatti positivi che quelli negativi. Gli impatti positivi possono includere miglioramenti nella performance, nell'efficienza e nella soddisfazione dei clienti, mentre gli impatti negativi possono comprendere costi imprevisti, rischi per la reputazione e potenziali conflitti. Una comprensione chiara delle conseguenze aiuta a fare scelte più informate e a prepararsi meglio per le eventuali sfide che potrebbero emergere.

Un aspetto importante da considerare è l'impatto economico delle opzioni. Le conseguenze finanziarie possono variare ampiamente a seconda della decisione presa. È essenziale valutare non solo i costi immediati, ma anche i costi a lungo termine, inclusi i potenziali risparmi e ritorni sull'investimento. La scelta di un'opzione potrebbe comportare spese significative per l'implementazione e la gestione, ma potrebbe anche portare a risparmi e benefici economici nel tempo. Ad esempio, investire in nuove tecnologie può comportare un costo iniziale elevato, ma potrebbe migliorare l'efficienza operativa e ridurre i costi a lungo termine.

Le conseguenze sociali sono altrettanto importanti da considerare. Le decisioni possono influenzare i dipendenti, i clienti e la comunità in cui opera l'organizzazione. È fondamentale valutare come ogni opzione potrebbe impattare sulle persone coinvolte. Ad esempio, una decisione che comporta licenziamenti potrebbe ridurre i costi a breve termine, ma potrebbe avere effetti negativi sul morale dei dipendenti e sulla reputazione dell'organizzazione. Allo stesso modo, una decisione che migliora le condizioni di lavoro o offre opportunità di crescita ai dipendenti potrebbe aumentare la loro soddisfazione e produttività.

Le conseguenze ambientali sono un'altra dimensione cruciale da considerare. Ogni decisione può avere un impatto sull'ambiente, e la sostenibilità è diventata un aspetto sempre più rilevante nel contesto aziendale. È importante valutare come ogni opzione influisce sull'ambiente e se ci sono opportunità per ridurre l'impatto ecologico. Ad esempio, scegliere di utilizzare materiali riciclabili o adottare pratiche di produzione più sostenibili può ridurre l'impatto ambientale e migliorare l'immagine dell'organizzazione come azienda responsabile.

Infine, è essenziale considerare le conseguenze culturali e organizzative. Ogni decisione deve essere valutata anche in relazione alla cultura e ai valori dell'organizzazione. Ad esempio, una decisione che va contro i valori fondamentali dell'organizzazione può minare la coesione e l'engagement del personale, mentre una decisione che è in linea con la cultura organizzativa può rafforzare l'unità e la motivazione del team. Le decisioni devono essere in armonia con la missione e la visione dell'organizzazione, e devono riflettere i suoi principi e obiettivi strategici.

Nel valutare le conseguenze, è utile adottare un approccio sistematico. Questo può includere la creazione di scenari che esplorano diverse possibili evoluzioni delle conseguenze nel tempo. Ad esempio, si può considerare come ogni opzione potrebbe comportarsi in situazioni future diverse, come cambiamenti nel mercato o nelle normative. Le simulazioni e i modelli previsionali possono aiutare a comprendere meglio le potenziali conseguenze e a prepararsi per eventuali imprevisti.

La valutazione delle conseguenze deve anche includere un'analisi dei rischi associati. È importante identificare i potenziali rischi di ciascuna opzione e valutare come questi rischi possano essere gestiti o mitigati. Ad esempio, una decisione che comporta un alto rischio finanziario potrebbe richiedere strategie di mitigazione, come la creazione di riserve finanziarie o la stipula di assicurazioni. La gestione dei rischi è cruciale per garantire che le conseguenze negative siano minimizzate e che l'organizzazione sia preparata ad affrontare eventuali difficoltà.

Infine, è utile coinvolgere diverse parti interessate nella valutazione delle conseguenze. Consultare dipendenti, clienti, fornitori e altri stakeholder può fornire prospettive diverse e arricchire l'analisi. Le loro opinioni possono aiutare a identificare conseguenze che potrebbero non essere immediatamente evidenti e a garantire che tutte le implicazioni siano considerate.

In conclusione, considerare le conseguenze è un aspetto fondamentale del processo decisionale che richiede un'analisi approfondita e sistematica. Valutare gli impatti economici, sociali, ambientali e culturali di ciascuna opzione, analizzare i rischi e coinvolgere le parti interessate sono tutti elementi cruciali per fare scelte informate e sostenibili. Un'approfondita riflessione sulle conseguenze aiuta a garantire che le decisioni non solo risolvano i problemi immediati, ma contribuiscano anche al successo e al benessere a lungo termine dell'organizzazione.

Assumersi la responsabilità

"CON GRANDE POTERE, VIENE GRANDE RESPONSABILITÀ." – Voltaire

Assumersi la responsabilità è un aspetto fondamentale e intrinsecamente legato alla leadership efficace. Questo concetto, che si estende oltre le semplici azioni e decisioni quotidiane, implica un impegno profondo e personale nei confronti delle conseguenze delle proprie scelte e azioni. In un contesto di leadership, assumersi la responsabilità significa riconoscere non solo i successi, ma anche gli errori e le sfide, e affrontarli con integrità e trasparenza. Questo capitolo esplorerà in dettaglio il concetto di responsabilità nella leadership, analizzando come i leader possano adottare un comportamento responsabile e le implicazioni di tale comportamento per l'organizzazione e il team.

1. Comprendere il Significato di Responsabilità

Assumersi la responsabilità implica accettare il controllo e le conseguenze delle proprie decisioni e azioni. Questo significa non solo prendere decisioni e agire in base a queste, ma anche essere pronti a rispondere delle conseguenze, sia positive che negative. Un leader responsabile non si limita a prendersi il merito per i successi; è altrettanto disposto a riconoscere e affrontare i fallimenti e le problematiche che sorgono. La responsabilità va di pari passo con l'autoefficacia e l'auto-consapevolezza, in quanto richiede una chiara comprensione delle proprie azioni e delle loro ripercussioni.

2. Riconoscere e Affrontare gli Errori

Un leader responsabile è disposto a riconoscere e ammettere gli errori. Questa ammissione di colpa non è segno di debolezza, ma di forza e maturità. Riconoscere gli errori è un passo fondamentale per la crescita e il miglioramento. Un leader che si assume la responsabilità degli errori dimostra integrità e trasparenza, qualità che possono rafforzare la fiducia e il rispetto del team. Inoltre, affrontare gli errori in modo costruttivo consente di apprendere dalle esperienze passate e di implementare miglioramenti necessari. Questa prontezza ad affrontare le criticità è essenziale per mantenere la credibilità e l'efficacia nel ruolo di leader.

3. Prendere Decisioni Coraggiose e Giuste

Assumersi la responsabilità implica anche prendere decisioni coraggiose, soprattutto in situazioni difficili. I leader spesso devono fare scelte impopolari o imposte da circostanze avverse. Essere disposti a prendere tali decisioni, e ad affrontare le critiche e le conseguenze che ne derivano, è un segno di leadership forte e decisa. Queste decisioni devono essere basate su una valutazione equa e completa delle informazioni disponibili e degli impatti potenziali. Un leader che si assume la responsabilità delle proprie decisioni è in grado di guidare il team attraverso le difficoltà con maggiore efficacia e determinazione.

4. Assumersi la Responsabilità della Performance del Team

La responsabilità di un leader si estende anche alla performance del team. Un leader efficace non solo guida e motiva i membri del team, ma si assume anche la responsabilità per i risultati ottenuti. Questo significa che quando il team raggiunge i suoi obiettivi, il leader condivide il merito con i membri del team, riconoscendo il loro contributo. Al contrario, quando il team fallisce o incontra difficoltà, il leader deve assumersi la responsabilità delle decisioni e delle azioni che hanno portato a tali risultati, piuttosto che attribuire la colpa ai membri del team. Questo approccio promuove un ambiente di lavoro positivo e favorisce un senso di coesione e collaborazione.

5. Promuovere una Cultura di Responsabilità

Un leader che si assume la responsabilità può influenzare positivamente la cultura dell'intera organizzazione. Promuovere una cultura di responsabilità significa incoraggiare i membri del team a prendere iniziative e a rispondere delle proprie azioni. Questo può essere fatto creando un ambiente in cui la responsabilità è valorizzata e premiata, e dove gli errori sono considerati opportunità di apprendimento piuttosto che occasioni per criticare. I leader devono dare l'esempio, mostrando come affrontare le sfide e le difficoltà in modo proattivo e responsabile. Una cultura di responsabilità rafforza l'impegno, la produttività e la fiducia all'interno del team.

6. Gestire le Aspettative e le Conseguenze

Assumersi la responsabilità implica anche gestire le aspettative e le conseguenze delle decisioni. I leader devono essere chiari riguardo alle aspettative che hanno nei confronti del team e garantire che le risorse e il supporto necessari siano disponibili per raggiungere gli obiettivi. Allo stesso modo, devono essere pronti a gestire le conseguenze delle decisioni e ad adattarsi ai cambiamenti e alle sfide che emergono. La capacità di gestire le aspettative e le conseguenze è essenziale per mantenere la fiducia e l'armonia all'interno del team e per garantire che gli obiettivi siano raggiunti in modo efficace.

7. Implementare Meccanismi di Responsabilità e Feedback

Un aspetto pratico dell'assumersi la responsabilità è l'implementazione di meccanismi di responsabilità e feedback. Stabilire procedure e pratiche che permettano un monitoraggio e una valutazione continui delle performance aiuta a garantire che le responsabilità siano chiaramente definite e gestite. I meccanismi di feedback consentono ai leader di ricevere input e suggerimenti sul loro operato e su quello del team, e di apportare modifiche e miglioramenti necessari. Questi meccanismi contribuiscono a creare un ambiente di lavoro in cui la responsabilità è condivisa e valorizzata.

8. Costruire la Fiducia attraverso la Responsabilità

La fiducia è una componente fondamentale della leadership e viene costruita attraverso la responsabilità. Quando i leader si assumono la responsabilità delle proprie azioni e decisioni, dimostrano coerenza e integrità, qualità che rafforzano la fiducia del team. I membri del team sono più propensi a seguire un leader che dimostra responsabilità e trasparenza, e a sentirsi coinvolti e motivati nel lavoro. La fiducia costruita attraverso la responsabilità favorisce una comunicazione aperta, un maggiore impegno e una maggiore collaborazione all'interno del team.

In sintesi, assumersi la responsabilità è un aspetto cruciale della leadership che implica riconoscere e affrontare le conseguenze delle proprie azioni e decisioni con integrità e trasparenza. Riconoscere gli errori, prendere decisioni coraggiose, assumersi la responsabilità della performance del team, promuovere una cultura di responsabilità, gestire le aspettative e le conseguenze, implementare meccanismi di responsabilità e feedback e costruire la fiducia sono tutti elementi chiave di una leadership efficace. Un leader che si assume la responsabilità non solo guida con determinazione e coerenza, ma contribuisce anche a creare un ambiente di lavoro positivo e produttivo, in cui il team è motivato e impegnato a raggiungere gli obiettivi comuni.

Parte III: Diventare un leader efficace in tutti gli aspetti della vita

Capitolo 12: La leadership nella vita personale

Applicare i principi di leadership alle relazioni

"IL VERO LEADER NON CERCA SEGUACI, MA CREA ALTRI LEADER." — Neale Donald Walsch

Nel contesto della leadership, gran parte dell'attenzione viene focalizzata sulla gestione e guida di team e organizzazioni. Tuttavia, la leadership non si limita al contesto professionale; essa si estende anche alla vita personale e alle relazioni interpersonali. Applicare i principi di leadership alle relazioni personali implica adottare comportamenti e atteggiamenti che favoriscono la comunicazione efficace, la risoluzione dei conflitti e la creazione di legami significativi. Questa trasposizione dei principi di leadership nel contesto personale può migliorare notevolmente la qualità delle relazioni e promuovere un ambiente di supporto e crescita reciproca.

1. La Visione e la Direzione nelle Relazioni

Proprio come in un contesto professionale, una visione chiara è essenziale anche nelle relazioni personali. Avere una visione per le proprie relazioni significa stabilire obiettivi e valori condivisi che orientano il comportamento e le interazioni. Questo implica riflettere su cosa si desidera ottenere dalle relazioni e quali principi fondamentali si vogliono promuovere. Ad esempio, in una relazione familiare o amicale, la visione potrebbe includere obiettivi come la crescita personale, il supporto reciproco e la creazione di esperienze condivise. La chiarezza della visione aiuta a mantenere il focus sulle priorità e a prendere decisioni coerenti con i propri valori.

2. La Comunicazione Efficace nelle Relazioni

Un principio cardine della leadership è la comunicazione efficace, e questo vale anche nelle relazioni personali. Comunicare in modo chiaro e rispettoso è essenziale per costruire e mantenere relazioni sane. Questo include l'ascolto attivo, la capacità di esprimere i propri pensieri e sentimenti in modo assertivo e la predisposizione a comprendere e considerare le prospettive altrui. La comunicazione efficace aiuta a evitare malintesi e conflitti, favorisce una comprensione reciproca e rafforza i legami tra le persone. Inoltre, un buon leader personale sa quando e come dare spazio all'altro, favorendo un dialogo aperto e sincero.

3. Risoluzione dei Conflitti e Mediazione

Nel contesto delle relazioni personali, la risoluzione dei conflitti è un aspetto cruciale che riflette le competenze di leadership. I conflitti sono inevitabili in qualsiasi tipo di relazione, e la capacità di affrontarli e risolverli in modo costruttivo è fondamentale per mantenere rapporti sani. Applicare i principi di leadership nella risoluzione dei conflitti significa affrontare i problemi in modo equo e imparziale, cercando soluzioni che soddisfino le esigenze di tutte le parti coinvolte. La mediazione efficace implica l'ascolto delle preoccupazioni, la gestione delle emozioni e la ricerca di compromessi che promuovano la comprensione reciproca e il rispetto.

4. Delegare e Condividere le Responsabilità

Nel contesto personale, delegare non significa trasferire compiti, ma piuttosto condividere le responsabilità in modo equo e strategico. Questo principio si applica a situazioni come la gestione della vita domestica, il supporto emotivo e l'organizzazione di eventi familiari o sociali. Delegare significa riconoscere e valorizzare le competenze e i contributi degli altri, creando un senso di collaborazione e partecipazione. Ad esempio, nella gestione di una casa, condividere le responsabilità tra i membri della famiglia non solo alleggerisce il carico individuale, ma favorisce anche il senso di responsabilità collettiva e il rafforzamento dei legami familiari.

5. Motivare e Ispirare i Propri Cari

Un leader efficace non solo guida e gestisce, ma motiva e ispira. Applicare questo principio alle relazioni personali significa incoraggiare e sostenere i propri cari nel raggiungimento dei loro obiettivi e aspirazioni. Questo include l'offerta di supporto emotivo, la celebrazione dei successi e la motivazione durante i momenti difficili. Un leader personale sa come riconoscere e apprezzare i punti di forza degli altri, e utilizza questo riconoscimento per rafforzare la fiducia e l'autoefficacia. Motivare e ispirare i propri cari contribuisce a creare un ambiente positivo e stimolante, in cui ognuno si sente valorizzato e incoraggiato a dare il meglio di sé.

6. Sostenere la Crescita e lo Sviluppo Personale

Un leader che applica i principi di leadership nella vita personale si impegna anche a sostenere la crescita e lo sviluppo degli altri. Questo implica offrire opportunità di apprendimento e crescita, condividere risorse e conoscenze e incoraggiare il miglioramento continuo. Sostenere la crescita personale non significa solo dare consigli, ma anche essere un modello di comportamento e apprendimento. Un leader personale aiuta gli altri a esplorare le proprie passioni, a sviluppare le proprie competenze e a raggiungere il loro potenziale massimo, creando così un ambiente di crescita e autotrasformazione.

7. Creare un Ambiente di Supporto e Benessere

La creazione di un ambiente di supporto e benessere è un aspetto cruciale della leadership nelle relazioni personali. Questo implica la creazione di uno spazio in cui le persone si sentano sicure, rispettate e sostenute. Un leader personale si impegna a costruire relazioni basate sulla fiducia e sul rispetto, promuovendo un clima di apertura e accettazione. Un ambiente di supporto aiuta a rafforzare i legami e a favorire un senso di appartenenza e comunità. La cura e il sostegno reciproco contribuiscono a migliorare il benessere emotivo e psicologico di tutti i membri delle relazioni.

8. Bilanciare i Ruoli e le Priorità

Nel contesto delle relazioni personali, è fondamentale bilanciare i diversi ruoli e priorità che si rivestono. Questo significa gestire le aspettative e le responsabilità nei vari ambiti della vita, come la famiglia, il lavoro e gli amici. Un leader personale è capace di stabilire priorità e di gestire il tempo in modo equilibrato, assicurandosi che nessun aspetto della propria vita venga trascurato. Il bilanciamento dei ruoli richiede una pianificazione attenta e una gestione efficace delle risorse e delle energie, in modo da mantenere una qualità di vita soddisfacente e armoniosa.

9. Promuovere la Resilienza e la Capacità di Adattamento

Infine, applicare i principi di leadership nelle relazioni personali implica promuovere la resilienza e la capacità di adattamento. Le relazioni personali, come quelle professionali, possono affrontare sfide e cambiamenti inaspettati. Essere in grado di adattarsi a nuove situazioni e di affrontare le difficoltà con resilienza è essenziale per mantenere relazioni forti e durature. Un leader personale guida con esempio, mostrando come affrontare le sfide con determinazione e positività, e incoraggia gli altri a fare altrettanto.

In conclusione, applicare i principi di leadership alle relazioni personali significa integrare competenze e comportamenti di leadership nel contesto delle interazioni quotidiane e delle dinamiche relazionali. Stabilire una visione chiara, comunicare efficacemente, risolvere i conflitti, delegare responsabilità, motivare e ispirare, sostenere la crescita, creare un ambiente di supporto, bilanciare i ruoli e promuovere la resilienza sono tutti aspetti cruciali per migliorare la qualità delle relazioni personali e creare legami significativi e duraturi. Adottare questi principi nella vita personale non solo arricchisce le relazioni, ma contribuisce anche a un equilibrio e a una soddisfazione generale nella vita.

Essere un leader nella tua comunità

"IL MIGLIOR MODO PER SCOPRIRE SE PUOI FIDARTI DI QUALCUNO È
FIDARTI DI LUI." – Ernest Hemingway

Essere un leader nella propria comunità richiede un insieme di competenze e comportamenti che si intrecciano con i principi di leadership più generali, ma che devono adattarsi alle specificità e alle dinamiche del contesto comunitario. La leadership comunitaria non riguarda solo la guida di gruppi o organizzazioni, ma anche l'abilità di influenzare e ispirare le persone nel proprio ambiente sociale, contribuendo a migliorare la qualità della vita e a promuovere il benessere collettivo. Questo capitolo esplorerà come applicare i principi di leadership per diventare un leader efficace nella propria comunità, affrontando le sfide e sfruttando le opportunità che questo ruolo comporta.

1. Comprendere le Esigenze e le Sfide della Comunità

Il primo passo per essere un leader efficace nella propria comunità è comprendere le esigenze, le sfide e le risorse locali. Questo implica un'analisi approfondita delle problematiche che affliggono la comunità, come la povertà, l'istruzione, la sicurezza, la salute e l'ambiente. Un leader deve essere ben informato sulle dinamiche sociali ed economiche del proprio contesto e deve essere pronto ad affrontare le sfide con soluzioni innovative e pragmatiche. Ascoltare le preoccupazioni e le aspirazioni dei membri della comunità, partecipare a incontri e discussioni e raccogliere feedback sono fondamentali per avere una visione chiara delle necessità e delle priorità.

2. Stabilire una Visione e Obiettivi per la Comunità

Come in ogni ruolo di leadership, avere una visione chiara è essenziale per guidare la propria comunità verso il progresso. La visione dovrebbe riflettere le aspirazioni collettive e i valori condivisi, e dovrebbe essere formulata attraverso un processo partecipativo che coinvolga i membri della comunità. Stabilire obiettivi concreti e misurabili, basati sulla visione, aiuta a orientare le azioni e a mobilitare le risorse necessarie per raggiungere i risultati desiderati. Questa visione deve essere comunicata in modo efficace per ispirare e motivare gli altri, creando un senso di appartenenza e impegno verso gli obiettivi comuni.

3. Costruire Relazioni e Collaborazioni

Essere un leader nella comunità richiede la capacità di costruire e mantenere relazioni solide con diversi gruppi e individui. Collaborare con altre organizzazioni, istituzioni e leader locali è cruciale per affrontare le sfide comuni e per creare sinergie che amplifichino l'impatto delle proprie iniziative. La costruzione di alleanze e partenariati può fornire risorse aggiuntive, expertise e supporto che rendono più efficace l'azione comunitaria. Un leader deve essere abile nel networking, nel negoziare e nel facilitare la cooperazione tra diversi attori sociali ed economici.

4. Promuovere la Partecipazione e l'Inclusività

Un aspetto fondamentale della leadership comunitaria è promuovere la partecipazione e l'inclusività. È importante coinvolgere attivamente i membri della comunità nelle decisioni e nelle attività, assicurandosi che tutte le voci, comprese quelle delle persone meno rappresentate o svantaggiate, siano ascoltate. Creare spazi di dialogo e consultazione aperti e trasparenti favorisce un senso di partecipazione e responsabilità condivisa. La leadership inclusiva non solo arricchisce le decisioni con diverse prospettive, ma contribuisce anche a rafforzare il legame sociale e a costruire una comunità più coesa e resiliente.

5. Implementare Iniziative e Progetti

Una volta che sono stati stabiliti obiettivi chiari e sono state costruite le relazioni necessarie, il passo successivo è l'implementazione di iniziative e progetti. La capacità di pianificare, organizzare e gestire progetti in modo efficace è cruciale per un leader comunitario. Questo implica la creazione di piani d'azione dettagliati, la gestione delle risorse, la supervisione delle attività e la valutazione dei risultati. Un buon leader deve essere in grado di affrontare le sfide logistiche e amministrative, risolvere problemi e apportare modifiche necessarie per garantire il successo delle iniziative.

6. Comunicare e Rendere Trasparente il Progresso

La comunicazione continua e la trasparenza sono essenziali per mantenere la fiducia e l'impegno della comunità. Informare regolarmente i membri della comunità sui progressi, sui successi e sulle difficoltà delle iniziative in corso aiuta a mantenere alto il morale e a garantire che tutti siano aggiornati e coinvolti. Utilizzare vari canali di comunicazione, come riunioni pubbliche, social media, bollettini e incontri informali, contribuisce a garantire che le informazioni raggiungano tutti e che ci sia una risposta attiva alle domande e alle preoccupazioni.

7. Affrontare e Gestire i Conflitti

Nella leadership comunitaria, come in qualsiasi altro contesto, è inevitabile che emergano conflitti e divergenze di opinioni. Un leader deve essere preparato a gestire i conflitti in modo costruttivo, cercando soluzioni che siano accettabili per tutte le parti coinvolte. La capacità di mediare e risolvere i conflitti in modo giusto ed equilibrato contribuisce a mantenere un ambiente armonioso e a preservare la coesione sociale. Affrontare i conflitti con un atteggiamento di apertura e di rispetto reciproco favorisce un clima di fiducia e collaborazione all'interno della comunità.

8. Promuovere il Cambiamento Positivo e l'Innovazione

Un leader efficace nella comunità non si limita a gestire le situazioni esistenti, ma cerca anche opportunità per promuovere il cambiamento positivo e l'innovazione. Essere proattivi nella ricerca di nuove soluzioni e nel miglioramento delle condizioni locali è essenziale per affrontare le sfide e per contribuire al progresso della comunità. Questo può includere l'adozione di nuove tecnologie, l'implementazione di best practices e la promozione di idee creative che rispondano alle esigenze emergenti della comunità.

9. Sostenere la Crescita e lo Sviluppo della Comunità

Infine, un leader nella comunità deve essere impegnato a sostenere la crescita e lo sviluppo a lungo termine della propria comunità. Questo implica lavorare per costruire una base solida di risorse, competenze e infrastrutture che permettano alla comunità di prosperare e di affrontare le sfide future. Investire nel capitale umano, promuovere l'educazione e formare nuovi leader sono tutte azioni che contribuiscono a garantire la sostenibilità e la resilienza della comunità.

In conclusione, essere un leader nella propria comunità significa applicare i principi di leadership per migliorare la qualità della vita e promuovere il benessere collettivo. Comprendere le esigenze e le sfide, stabilire una visione chiara, costruire relazioni e collaborazioni, promuovere la partecipazione e l'inclusività, implementare iniziative, comunicare trasparentemente, gestire i conflitti, promuovere il cambiamento positivo e sostenere la crescita sono tutti aspetti cruciali per guidare e ispirare la propria comunità. Attraverso un impegno costante e una leadership efficace, è possibile fare una differenza significativa e duratura nel proprio ambiente sociale, contribuendo a creare una comunità più forte, coesa e prospera.

Creare un cambiamento positivo nel mondo

"SII IL CAMBIAMENTO CHE VUOI VEDERE NEL MONDO." – Mahatma Gandhi

Creare un cambiamento positivo nel mondo è un obiettivo ambizioso e stimolante, che richiede non solo una visione chiara e determinazione, ma anche competenze specifiche di leadership e un impegno costante. Questo processo coinvolge una combinazione di azione strategica, innovazione e capacità di ispirare gli altri verso un obiettivo comune di miglioramento globale. Questo capitolo esplorerà i passi necessari per essere un agente di cambiamento efficace, esaminando come sviluppare e implementare iniziative che abbiano un impatto positivo e duraturo sul mondo.

1. Definire una Visione Chiara e Ispiratrice

Il primo passo per creare un cambiamento positivo è definire una visione chiara e ispiratrice. Questa visione deve riflettere i valori e le aspirazioni che guidano l'impegno verso un mondo migliore. Una visione efficace non è solo un'idea vaga, ma un'immagine concreta di cosa si desidera raggiungere. Deve essere abbastanza ambiziosa da stimolare l'entusiasmo e abbastanza chiara da guidare le azioni quotidiane. Ad esempio, se l'obiettivo è migliorare l'accesso all'istruzione in aree svantaggiate, la visione potrebbe essere quella di garantire che ogni bambino abbia accesso a un'istruzione di qualità entro un determinato numero di anni.

2. Identificare e Analizzare le Esigenze

Per implementare un cambiamento significativo, è essenziale comprendere a fondo le esigenze specifiche che si intende affrontare. Questo richiede un'analisi dettagliata dei problemi esistenti, delle risorse disponibili e delle lacune da colmare. La ricerca e la consultazione con esperti, stakeholder e le persone direttamente coinvolte sono fondamentali per ottenere una comprensione completa. Ad esempio, per affrontare una crisi ambientale, potrebbe essere necessario analizzare le fonti di inquinamento, le aree più colpite e le soluzioni tecniche disponibili.

3. Sviluppare una Strategia Sostenibile

Una volta identificati i bisogni, è importante sviluppare una strategia sostenibile che delinei i passi concreti necessari per raggiungere gli obiettivi prefissati. Questa strategia deve includere una pianificazione dettagliata delle azioni, dei tempi e delle risorse necessarie. È fondamentale considerare la sostenibilità a lungo termine delle iniziative, assicurandosi che le azioni intraprese non solo risolvano i problemi immediati, ma anche creino un impatto positivo duraturo. La pianificazione deve anche prevedere meccanismi di monitoraggio e valutazione per misurare i progressi e apportare modifiche se necessario.

4. Coinvolgere e Mobilitare le Risorse

Creare un cambiamento positivo richiede il coinvolgimento di una rete di persone e risorse. Mobilitare supporto dalla comunità, dalle organizzazioni e dai leader locali è essenziale per amplificare l'impatto delle proprie iniziative. Questo implica costruire alleanze strategiche, ottenere finanziamenti e risorse materiali, e coinvolgere volontari e sostenitori. La capacità di comunicare efficacemente e di motivare gli altri è cruciale per attrarre e mantenere l'impegno delle parti interessate. È importante anche riconoscere e valorizzare i contributi di tutti coloro che partecipano al cambiamento, rafforzando il senso di comunità e appartenenza.

5. Promuovere l'Innovazione e l'Adattamento

L'innovazione è un motore fondamentale per il cambiamento positivo. Essere aperti a nuove idee, tecnologie e approcci può portare a soluzioni più efficaci e creative. Inoltre, un leader deve essere pronto ad adattarsi ai cambiamenti e alle sfide impreviste, modificando le strategie quando necessario per rispondere alle nuove circostanze. La capacità di apprendere dagli errori e di adattarsi ai feedback è essenziale per migliorare continuamente le iniziative e per massimizzare il loro impatto.

6. Comunicare il Cambiamento e Ispirare gli Altri

La comunicazione è un elemento chiave nella creazione di un cambiamento positivo. È fondamentale condividere la visione, gli obiettivi e i progressi con il pubblico e i sostenitori. Utilizzare storie ispiratrici, dati concreti e testimonianze aiuta a creare una narrativa convincente che coinvolge e motiva le persone. La comunicazione deve essere trasparente e accessibile, in modo che tutti possano comprendere il valore delle iniziative e sentirsi parte del processo di cambiamento.

7. Affrontare le Resistenze e Gestire i Conflitti

Il cambiamento spesso incontra resistenze e conflitti. Essere preparati a gestire queste sfide è cruciale per il successo delle iniziative. La gestione dei conflitti richiede empatia, ascolto attivo e la capacità di trovare soluzioni che soddisfino le preoccupazioni delle diverse parti coinvolte. Affrontare le resistenze con pazienza e persuasione, e dimostrare i benefici del cambiamento attraverso risultati concreti, può aiutare a superare le opposizioni e a ottenere il supporto necessario.

8. Monitorare e Valutare i Risultati

Monitorare e valutare i risultati è essenziale per garantire che il cambiamento positivo sia effettivamente raggiunto e sostenibile. Stabilire indicatori chiari di successo e utilizzare strumenti di monitoraggio per raccogliere dati e feedback aiuta a misurare l'efficacia delle iniziative. La valutazione continua consente di identificare le aree di miglioramento e di apportare modifiche strategiche per ottimizzare l'impatto. Condividere i risultati con le parti interessate rinforza la fiducia e il sostegno verso il progetto.

9. Celebrare i Successi e Riconoscere i Contributi

Infine, è importante celebrare i successi e riconoscere i contributi di tutti coloro che hanno partecipato al processo di cambiamento.

Riconoscere i risultati ottenuti e apprezzare gli sforzi dei collaboratori non solo rafforza il morale e l'impegno, ma crea anche un ciclo di positività e motivazione che stimola ulteriori azioni e successi futuri. Le celebrazioni e il riconoscimento dei successi servono a consolidare i legami e a rafforzare l'impegno verso obiettivi condivisi.

Conclusione

Creare un cambiamento positivo nel mondo è un'impresa che richiede visione, strategia, innovazione e capacità di ispirare gli altri. Definire una visione chiara, comprendere le esigenze, sviluppare strategie sostenibili, mobilitare risorse, promuovere l'innovazione, comunicare efficacemente, gestire le resistenze, monitorare i risultati e celebrare i successi sono tutti elementi fondamentali per guidare e realizzare un cambiamento significativo. Attraverso un impegno costante e una leadership efficace, è possibile avere un impatto duraturo e positivo, contribuendo a creare un mondo migliore per le generazioni future.

Capitolo 13: La leadership etica

Fare la cosa giusta

"L'ETICA È SAPERE LA DIFFERENZA TRA CIÒ CHE HAI IL DIRITTO DI FARE E CIÒ CHE È GIUSTO FARE." — Potter Stewart

La leadership etica è un principio fondamentale che guida i leader verso comportamenti e decisioni che riflettono valori e norme morali elevati. Fare la cosa giusta, in un contesto di leadership, significa agire con integrità, onestà e responsabilità, e prendere decisioni che non solo siano vantaggiose per l'organizzazione o il gruppo, ma che rispettino anche gli standard etici e morali. Questo capitolo esplorerà l'importanza di fare la cosa giusta nella leadership etica, fornendo una panoramica delle pratiche e delle considerazioni necessarie per mantenere elevati standard di comportamento e decisione.

1. Definire la Leadership Etica e i Suoi Fondamenti

La leadership etica si basa su principi di correttezza, giustizia e responsabilità. I leader etici non solo perseguono obiettivi e successi, ma lo fanno rispettando le norme morali e le aspettative sociali. Essere un leader etico significa essere consapevoli delle conseguenze delle proprie azioni e decisioni non solo per sé stessi e per l'organizzazione, ma anche per la comunità e l'ambiente circostante. La leadership etica implica anche la promozione di una cultura di integrità all'interno dell'organizzazione, dove i valori etici sono radicati nella missione e nella visione aziendale.

2. Stabilire e Mantenere Standard Etici

Un leader etico deve stabilire e mantenere standard etici elevati, non solo attraverso la propria condotta, ma anche creando e sostenendo un ambiente in cui tali standard sono chiaramente definiti e rispettati. Questo richiede la formulazione di codici di condotta, politiche e procedure che delineano le aspettative etiche e forniscono linee guida su come affrontare dilemmi e conflitti morali. È essenziale che i leader non solo promuovano questi standard, ma li incarnino attraverso le proprie azioni quotidiane, dimostrando coerenza tra le dichiarazioni di intenti e le pratiche reali.

3. Prendere Decisioni Etiche e Responsabili

La capacità di prendere decisioni etiche è una delle caratteristiche distintive di un leader etico. Questo implica una valutazione attenta delle implicazioni morali e sociali delle decisioni, e la considerazione di come queste influenzeranno tutti gli stakeholder coinvolti. Per prendere decisioni etiche, è utile seguire un processo strutturato che include l'analisi delle opzioni disponibili, la consultazione con esperti o colleghi, e la riflessione sui principi etici che dovrebbero guidare la scelta. È anche fondamentale considerare le normative e le leggi applicabili, e assicurarsi che le decisioni siano conformi a questi requisiti legali.

4. Affrontare i Dilemmi Etici

I dilemmi etici sono situazioni in cui le decisioni non sono chiaramente giuste o sbagliate e dove le diverse opzioni possono entrare in conflitto tra loro. Affrontare i dilemmi etici richiede un'attenta riflessione e un'approfondita analisi delle implicazioni a breve e lungo termine di ciascuna opzione. È importante valutare le conseguenze delle decisioni per tutte le parti interessate e considerare gli impatti morali e sociali. In questi casi, consultare colleghi di fiducia o esperti esterni può fornire ulteriori prospettive e contribuire a prendere decisioni più informate e giuste.

5. Promuovere la Trasparenza e l'Onestà

La trasparenza e l'onestà sono pilastri fondamentali della leadership etica. Un leader deve essere aperto e sincero nella comunicazione, evitando inganni o omissioni che possano compromettere la fiducia. Questo implica una comunicazione chiara e accurata delle informazioni rilevanti e una disponibilità a rispondere alle domande e a discutere apertamente le decisioni e le azioni intraprese. La trasparenza contribuisce a costruire un ambiente di lavoro basato sulla fiducia e sul rispetto reciproco, e favorisce una cultura in cui l'etica e la correttezza sono al centro delle pratiche organizzative.

6. Promuovere la Responsabilità e l'Accountability

Un leader etico deve promuovere una cultura di responsabilità e accountability all'interno dell'organizzazione. Questo significa assumersi la responsabilità delle proprie azioni e decisioni, e incoraggiare anche gli altri a fare lo stesso. La responsabilità implica accettare le conseguenze delle proprie scelte, sia positive che negative, e adottare misure per correggere eventuali errori o problematiche emerse. Creare meccanismi di accountability, come audit e revisioni periodiche, aiuta a garantire che le pratiche e le decisioni siano in linea con gli standard etici e che le persone siano responsabili delle loro azioni.

7. Gestire le Pressioni e i Conflitti di Interesse

I leader etici devono essere preparati a gestire le pressioni e i conflitti di interesse che possono sorgere nel loro ruolo. Le pressioni esterne, come le aspettative dei clienti, degli azionisti o dei superiori, possono talvolta mettere a rischio l'adesione ai principi etici. È fondamentale che i leader riconoscano e gestiscano questi conflitti in modo proattivo, mantenendo l'integrità e facendo scelte che riflettano i valori etici, anche in situazioni difficili. Stabilire confini chiari e avere un forte senso di auto-consapevolezza possono aiutare a navigare attraverso queste pressioni senza compromettere i principi morali.

8. Insegnare e Ispirare gli Altri a Comportarsi Eticamente

Un aspetto cruciale della leadership etica è la capacità di insegnare e ispirare gli altri a comportarsi in modo etico. Questo può essere realizzato attraverso formazione e sviluppo continuo, creando programmi educativi e sessioni di formazione che enfatizzano l'importanza dei principi etici. Inoltre, i leader devono essere modelli di comportamento etico, dimostrando attraverso le proprie azioni e decisioni come applicare i principi morali nella pratica quotidiana. La leadership etica non solo influenza le decisioni individuali, ma contribuisce anche a plasmare la cultura e i valori dell'intera organizzazione.

9. Costruire una Cultura di Etica e Integrità

Infine, costruire una cultura di etica e integrità è essenziale per garantire che i principi morali siano radicati e sostenuti all'interno dell'organizzazione. Questo implica creare un ambiente in cui l'etica è riconosciuta come un valore centrale e dove ci sono politiche e pratiche che supportano e rinforzano questo valore. Le politiche devono essere chiaramente comunicate e implementate, e devono essere previste misure per affrontare e correggere le violazioni. Una cultura forte e coesa di etica e integrità favorisce la fiducia, la lealtà e l'impegno tra i membri dell'organizzazione.

Conclusione

Fare la cosa giusta nella leadership etica implica una serie di comportamenti e pratiche che riflettono elevati standard morali e un impegno verso la correttezza e la giustizia. Definire e mantenere standard etici, prendere decisioni responsabili, affrontare dilemmi etici, promuovere la trasparenza e l'onestà, responsabilizzare gli altri, gestire pressioni e conflitti di interesse, ispirare comportamenti etici e costruire una cultura di integrità sono tutti elementi fondamentali per una leadership etica di successo. Attraverso un impegno costante verso questi principi, i leader possono fare una differenza significativa non solo nelle loro organizzazioni, ma anche nella società nel suo complesso, contribuendo a un mondo più giusto e rispettoso

Essere onesti e integri

"L'INTEGRITÀ È FARE LA COSA GIUSTA, ANCHE QUANDO NESSUNO STA GUARDANDO." — C.S. Lewis

Essere onesti e integri è il fondamento della leadership etica e rappresenta un aspetto cruciale per guadagnare e mantenere la fiducia e il rispetto all'interno di qualsiasi contesto organizzativo. Onestà e integrità non sono semplicemente valori da promuovere, ma devono essere incarnati in ogni azione e decisione quotidiana del leader. Questi principi non solo definiscono la reputazione del leader, ma stabiliscono anche le norme e le aspettative per tutta l'organizzazione, influenzando profondamente la cultura e il clima etico dell'ambiente di lavoro.

Essere onesti implica un impegno costante verso la verità e la trasparenza. Un leader onesto non nasconde informazioni o manipola i fatti per ottenere vantaggi personali o professionali. Al contrario, fornisce dati e informazioni accurate e complete, anche quando la verità può essere scomoda o difficoltosa. Questa trasparenza è cruciale per costruire una cultura di fiducia, in cui i membri del team si sentono sicuri nel comunicare apertamente e nel confrontarsi con le sfide senza temere ripercussioni ingiustificate.

L'integrità, d'altra parte, si riferisce alla coerenza tra le parole e le azioni del leader. Un leader integro agisce secondo i principi e i valori dichiarati, anche quando non ci sono osservatori o pressioni esterne. Questo significa fare ciò che è giusto, anche quando è difficile o quando si ha la possibilità di ottenere benefici personali ignorando i principi etici. L'integrità è visibile nella capacità di prendere decisioni giuste e giustificabili, e di mantenere un comportamento etico coerente in tutte le situazioni, non solo quando è conveniente.

L'onestà e l'integrità sono strettamente collegate e si rafforzano a vicenda. L'onestà senza integrità può portare a una verità che non è supportata da azioni coerenti, mentre l'integrità senza onestà può diventare un valore vuoto se le azioni non sono basate su fatti reali e accurati. In pratica, un leader che dimostra onestà e integrità è in grado di creare un ambiente di lavoro basato su valori solidi, dove le aspettative sono chiare e le relazioni sono fondate sulla fiducia reciproca.

Per essere veramente onesti e integri, è essenziale che i leader affrontino e risolvano le situazioni difficili con trasparenza e coerenza. Questo significa essere disposti ad ammettere gli errori, a correggere le ingiustizie e a assumersi la responsabilità delle proprie azioni. In situazioni in cui ci sono conflitti di interesse o pressioni esterne, i leader devono mantenere la loro integrità, resistendo alle tentazioni di compromettere i loro principi etici per guadagnare vantaggi a breve termine.

Inoltre, la leadership etica richiede un costante impegno nella formazione e nella riflessione sui propri valori e principi. I leader devono essere proattivi nel valutare e rafforzare la loro comprensione di cosa significa essere etici e nel riflettere sulle implicazioni delle loro decisioni e comportamenti. Questo impegno non solo migliora la propria pratica di leadership, ma contribuisce anche a modellare una cultura organizzativa in cui l'onestà e l'integrità sono valori condivisi e praticati da tutti.

Promuovere e mantenere onestà e integrità richiede anche una comunicazione aperta e continua con il team e con tutte le parti interessate. I leader devono essere chiari sulle aspettative etiche e incoraggiare una cultura in cui i membri del team si sentano responsabilizzati e sostenuti nel comportarsi in modo etico. Creare opportunità per discussioni aperte su dilemmi etici e decisioni difficili aiuta a mantenere i principi di onestà e integrità al centro delle pratiche quotidiane dell'organizzazione.

In conclusione, la leadership etica basata su onestà e integrità è essenziale per costruire e mantenere una cultura di fiducia, rispetto e responsabilità all'interno di qualsiasi organizzazione. Essere onesti significa comunicare la verità in ogni situazione, mentre l'integrità implica agire coerentemente con i propri valori e principi, anche in assenza di osservatori. Attraverso un impegno costante verso questi principi, i leader non solo guadagnano il rispetto e la fiducia dei loro team, ma contribuiscono anche a creare un ambiente di lavoro etico e sostenibile, in cui tutti i membri sono incoraggiati a seguire l'esempio e a mantenere elevati standard di comportamento.

Assumersi la responsabilità delle proprie azioni

"LA RESPONSABILITÀ È IL PREZZO DELLA GRANDEZZA." – Winston Churchill

Assumersi la responsabilità delle proprie azioni è un aspetto cruciale della leadership etica che implica riconoscere e accettare le conseguenze delle proprie decisioni e comportamenti. Questo principio non solo riguarda la capacità di affrontare le conseguenze delle proprie azioni, ma anche la volontà di assumere un ruolo attivo nel risolvere problemi e correggere errori, contribuendo a mantenere un ambiente di lavoro equo e giusto. La responsabilità personale è una componente fondamentale della fiducia e del rispetto che i leader guadagnano dai loro team e dalle parti interessate.

Assumersi la responsabilità inizia con l'ammettere apertamente quando si commettono errori. Un leader che non è disposto a riconoscere i propri fallimenti o a confrontarsi con le proprie debolezze mina la propria credibilità e compromette la fiducia all'interno dell'organizzazione. La capacità di ammettere gli errori non è solo un atto di umiltà, ma anche una dimostrazione di integrità e di impegno verso il miglioramento continuo. Quando un leader riconosce i propri errori, fornisce un esempio di apertura e sincerità che incoraggia anche gli altri membri del team a fare lo stesso.

Assumersi la responsabilità implica anche la capacità di affrontare le conseguenze delle proprie azioni, indipendentemente dal loro impatto. Questo significa non solo accettare le ripercussioni dirette, ma anche assumere il compito di risolvere le problematiche create e di prendere misure correttive. Ad esempio, se una decisione presa da un leader ha portato a risultati negativi, è essenziale che il leader si impegni attivamente per risolvere la situazione, apportare le modifiche necessarie e adottare strategie per evitare simili errori in futuro.

Un aspetto cruciale del processo di assunzione di responsabilità è la comunicazione chiara e trasparente con tutte le parti coinvolte. Questo implica non solo informare il team e le parti interessate sugli sviluppi e le azioni intraprese per correggere la situazione, ma anche spiegare le ragioni dietro le decisioni e le azioni intraprese. La trasparenza aiuta a mantenere la fiducia e a dimostrare che, sebbene gli errori possano essere inevitabili, il leader è impegnato a gestirli in modo responsabile e proattivo.

Affrontare le conseguenze delle proprie azioni richiede anche una riflessione critica e un impegno per l'apprendimento e la crescita personale. I leader devono essere disposti a riflettere sui propri errori e a trarne insegnamenti utili per il futuro. Questo processo di auto-riflessione è essenziale per sviluppare competenze e capacità che permettano di prendere decisioni più informate e efficaci in futuro. Inoltre, incoraggiare un ambiente di lavoro in cui la riflessione e l'apprendimento sono valorizzati contribuisce a costruire una cultura di responsabilità e miglioramento continuo.

Un leader che si assume la responsabilità delle proprie azioni promuove anche una cultura di accountability all'interno dell'organizzazione. Questo significa stabilire chiari standard di responsabilità per se stessi e per gli altri, e assicurarsi che tutti i membri del team comprendano e rispettino questi standard. La responsabilità non deve essere vista come una questione di colpa o di punizione, ma come un'opportunità per migliorare e per contribuire positivamente all'ambiente di lavoro.

Inoltre, assumersi la responsabilità implica una gestione proattiva dei problemi e delle sfide che possono emergere. Questo significa non aspettare che i problemi si risolvano da soli, ma adottare un approccio attivo per affrontarli e risolverli tempestivamente. La capacità di gestire e risolvere problemi in modo efficace dimostra leadership e competenza, e contribuisce a mantenere un ambiente di lavoro produttivo e armonioso.

Infine, la responsabilità personale si estende anche al riconoscimento e al rafforzamento delle buone pratiche e delle iniziative che contribuiscono al successo dell'organizzazione. Un leader responsabile non solo affronta e risolve i problemi, ma celebra anche i successi e riconosce i contributi positivi dei membri del team. Questo approccio positivo non solo motiva e incoraggia il team, ma crea anche un ambiente in cui la responsabilità e l'impegno verso il miglioramento sono valori condivisi e praticati da tutti.

In conclusione, assumersi la responsabilità delle proprie azioni è un elemento essenziale della leadership etica che richiede trasparenza, coerenza e un impegno costante verso la correzione e il miglioramento. Un leader che accetta e affronta le conseguenze delle proprie decisioni dimostra integrità e dedizione, contribuendo a costruire una cultura di fiducia e responsabilità all'interno dell'organizzazione. Attraverso un impegno verso la responsabilità personale e il miglioramento continuo, i leader non solo migliorano la propria pratica di leadership, ma favoriscono anche un ambiente di lavoro positivo e orientato al successo.

Ispirare gli altri a fare lo stesso

"IL MIGLIOR ESEMPIO DI LEADERSHIP È LA LEADERSHIP ATTRAVERSO L'ESEMPIO." — Jerry McClain

Ispirare gli altri a seguire l'esempio di una leadership etica è un compito essenziale per qualsiasi leader che desideri creare una cultura di integrità e responsabilità all'interno della propria organizzazione. Questo processo non si limita a predicare i valori etici, ma richiede una dimostrazione costante di tali valori attraverso azioni e comportamenti quotidiani. L'influenza di un leader etico non solo motiva i membri del team a comportarsi in modo simile, ma stabilisce anche uno standard che guida la cultura e i valori organizzativi nel lungo periodo.

Il primo passo per ispirare gli altri a seguire l'esempio è vivere i principi etici che si predicano. Questo significa che i leader devono incarnare l'onestà, l'integrità e la responsabilità in ogni aspetto della loro condotta. Quando un leader agisce in conformità ai propri valori dichiarati, dimostra coerenza e credibilità, creando un modello di comportamento che i membri del team sono più propensi a emulare. La leadership etica è un processo dinamico che richiede una consapevolezza costante di come le proprie azioni e decisioni influenzano gli altri e come queste possono essere percepite in relazione ai valori dell'organizzazione.

Inoltre, i leader devono comunicare chiaramente e continuamente l'importanza dei valori etici e delle aspettative di comportamento. Questo può essere fatto attraverso discorsi, incontri e materiali educativi che enfatizzano l'importanza dell'etica e della responsabilità. Tuttavia, la comunicazione da sola non è sufficiente. I leader devono anche creare opportunità per discussioni e riflessioni su dilemmi etici e decisioni difficili. Facilitare queste conversazioni aiuta a mantenere i valori etici al centro dell'attenzione e a stimolare una riflessione critica tra i membri del team.

Un altro aspetto cruciale è il riconoscimento e la celebrazione dei comportamenti etici all'interno dell'organizzazione. Quando i membri del team dimostrano integrità e responsabilità, è essenziale riconoscere e premiare questi comportamenti. Questo non solo rinforza i valori etici, ma motiva anche altri a seguire l'esempio. Le celebrazioni pubbliche e i riconoscimenti formali possono servire da potente strumento per promuovere una cultura etica e per dimostrare che il comportamento etico è apprezzato e valorizzato.

La formazione continua e il supporto sono fondamentali per mantenere l'orientamento verso la leadership etica. I leader devono investire nel rafforzamento delle competenze etiche e nella formazione dei membri del team su come affrontare le sfide etiche. Offrire corsi di formazione, workshop e risorse educative aiuta a sviluppare una comprensione più profonda dei principi etici e delle loro applicazioni pratiche. Inoltre, fornire un supporto continuo e la possibilità di consultarsi su questioni etiche promuove un ambiente in cui i membri del team si sentono sicuri di fare scelte etiche e di cercare assistenza quando necessario.

È importante che i leader dimostrino empatia e comprensione nei confronti dei membri del team che affrontano dilemmi etici o che lottano per mantenere gli standard di integrità. Mostrare sostegno e fornire guida in queste situazioni difficili rinforza l'idea che la leadership etica è un impegno condiviso e non solo una responsabilità individuale. I leader che si prendono cura del benessere etico dei loro team creano un ambiente di lavoro in cui i valori etici sono radicati nella cultura organizzativa e vissuti quotidianamente.

Inoltre, i leader devono essere pronti a prendere posizione e a fare scelte difficili quando le circostanze richiedono di difendere i principi etici, anche quando ciò comporta rischi personali o professionali. Dimostrare coraggio e determinazione nell'affrontare situazioni difficili e nel prendere decisioni impopolari ma giuste rafforza la fiducia e il rispetto tra i membri del team. Questo tipo di leadership dimostra che l'etica non è negoziabile e che i principi guidano le decisioni e le azioni, anche in condizioni di pressione.

Infine, è fondamentale che i leader siano coerenti nelle loro azioni e decisioni, mantenendo una condotta etica in ogni aspetto della loro leadership. La coerenza tra ciò che si dice e ciò che si fa costruisce una base solida di fiducia e rispetto e rende più probabile che i membri del team seguano l'esempio. Quando i leader dimostrano una dedizione costante ai valori etici, creano un ambiente in cui questi valori diventano parte integrante della cultura organizzativa e del comportamento quotidiano.

In sintesi, ispirare gli altri a fare lo stesso in termini di leadership etica richiede una combinazione di esempio personale, comunicazione chiara, riconoscimento dei comportamenti etici, formazione continua e supporto empatico. I leader che vivono i valori etici, promuovono un ambiente di apprendimento e crescita, e mostrano coerenza e coraggio nel prendere decisioni etiche contribuiscono a creare una cultura in cui l'integrità e la responsabilità sono valori condivisi e praticati da tutti. Questo approccio non solo rafforza la cultura organizzativa, ma motiva anche i membri del team a impegnarsi attivamente a mantenere elevati standard etici, creando così un ambiente di lavoro più giusto e produttivo.

Capitolo 14: L'eredità di un leader

Lasciare un impatto duraturo

"UN LEADER È COLUI CHE CONOSCE LA STRADA, LA PERCORRE E LASCIA UNA SCIA DI LUCE PER GLI ALTRI."

Lasciare un impatto duraturo è una delle sfide e delle aspirazioni più significative per un leader. Un'eredità non è semplicemente ciò che rimane dopo la fine della propria carriera o del proprio mandato, ma è il segno profondo e perdurante che un leader lascia nel tempo, influenzando non solo l'organizzazione che guida ma anche le persone che la compongono e, in alcuni casi, la comunità o la società più ampia. Questa eredità è costruita attraverso una combinazione di visione, azione, e impatto genuino, e riflette la capacità del leader di creare cambiamenti positivi e sostenibili.

La prima componente essenziale per lasciare un impatto duraturo è la creazione di una visione chiara e condivisa. Un leader deve avere una comprensione profonda di ciò che vuole realizzare e di come questa visione possa trasformare l'organizzazione e influenzare positivamente le vite delle persone coinvolte. La visione deve essere non solo ambiziosa ma anche realizzabile, ispirando gli altri a partecipare e a contribuire verso un obiettivo comune. Quando un leader riesce a articolare e a vivere questa visione, essa diventa un faro che guida e motiva il team anche dopo che il leader stesso ha lasciato il posto.

Un impatto duraturo si costruisce attraverso l'implementazione di cambiamenti positivi che siano sostenibili nel tempo. Questo implica non solo l'introduzione di innovazioni o di nuove pratiche, ma anche la creazione di sistemi e di strutture che possano continuare a prosperare e a evolversi anche dopo la propria partenza. Per esempio, un leader può introdurre pratiche di gestione più efficienti, instaurare una cultura aziendale solida, o promuovere lo sviluppo professionale dei dipendenti. Questi cambiamenti devono essere integrati nella struttura e nei processi dell'organizzazione in modo che possano continuare a fare la differenza anche senza la presenza costante del leader.

La costruzione di un'eredità duratura richiede anche un impegno verso lo sviluppo e il mentoring delle nuove generazioni di leader. Un leader che lascia un impatto duraturo non solo guida e ispirano il proprio team, ma lavora anche attivamente per preparare e far crescere i propri successori. Questo significa investire tempo e risorse nel mentoraggio e nella formazione, assicurandosi che ci sia una continuità di leadership che possa perpetuare e amplificare l'eredità che è stata costruita. Un buon leader sa che il proprio successo è intimamente legato alla capacità di far crescere e di preparare altri a prendere il suo posto e a portare avanti la visione.

Inoltre, lasciare un impatto duraturo implica la creazione di una cultura e di un ambiente di lavoro che promuovano valori e pratiche che continuino a prosperare e ad essere rispettati nel tempo. I leader devono lavorare per instaurare una cultura di rispetto, integrità, e eccellenza che diventi una parte fondamentale dell'identità dell'organizzazione. Questa cultura deve essere così radicata che continui a influenzare le decisioni e i comportamenti anche dopo la partenza del leader. Quando i valori e le pratiche instaurati sono profondamente integrati nella cultura dell'organizzazione, l'eredità del leader si traduce in una base solida su cui le future generazioni possono costruire e prosperare.

Un altro aspetto cruciale è l'impatto che il leader ha sulla comunità o sul contesto più ampio al di fuori dell'organizzazione. Lasciare un'impronta significativa può anche significare contribuire a cause sociali, a iniziative di responsabilità sociale d'impresa, o a progetti che abbiano un effetto positivo sulla società. I leader che si impegnano in questi ambiti non solo ampliano la portata del loro impatto, ma dimostrano anche un impegno verso il bene comune che riflette i valori più ampi di responsabilità e altruismo.

Infine, per lasciare un impatto duraturo è fondamentale che un leader continui a riflettere su e ad evolvere il proprio approccio alla leadership. L'adattabilità e la volontà di apprendere e di crescere sono essenziali per garantire che l'eredità non diventi obsoleta o inefficace. I leader devono essere aperti al feedback e alla critica costruttiva, pronti a modificare le loro strategie e approcci in risposta ai cambiamenti nel contesto e nelle esigenze dell'organizzazione e della società.

In conclusione, lasciare un impatto duraturo come leader richiede una visione chiara e condivisa, l'implementazione di cambiamenti positivi e sostenibili, la preparazione delle future generazioni di leader, la costruzione di una cultura forte, e l'impegno verso cause più ampie. Un leader che riesce a raggiungere questi obiettivi non solo crea un'eredità che perdura nel tempo, ma contribuisce anche a costruire un futuro migliore per l'organizzazione, il team, e la società. L'eredità di un leader è un riflesso del suo impegno, della sua integrità e del suo impatto, e rappresenta il segno indelebile che lascia nel mondo.

Ispirare le generazioni future

"IL FUTURO APPARTIENE A COLORO CHE CREDONO NELLA BELLEZZA DEI PROPRI SOGNI." — Eleanor Roosevelt

Ispirare le generazioni future è uno degli aspetti più nobili e duraturi dell'eredità di un leader. Non si tratta solo di trasmettere conoscenze o competenze, ma di infondere nei giovani la passione, la visione e i valori necessari per continuare a fare progressi e a raggiungere nuovi traguardi. Questo processo di ispirazione non è immediato né superficiale, ma richiede un impegno profondo e autentico nel guidare, educare e motivare coloro che verranno dopo di noi.

Un leader che mira a ispirare le generazioni future deve iniziare creando un esempio di leadership che sia non solo efficace, ma anche autentico e ideale. Questo implica vivere e dimostrare i valori e le convinzioni che si desidera trasmettere. Quando un leader incarna i principi di integrità, determinazione, e altruismo, diventa un modello di comportamento che i giovani osservano e aspirano a emulare. La coerenza tra le parole e le azioni del leader rafforza il messaggio che viene comunicato e fa sì che il messaggio risuoni con forza.

Un aspetto fondamentale nell'ispirare le generazioni future è la capacità di comunicare una visione chiara e motivante. Questo non significa semplicemente delineare obiettivi o traguardi, ma piuttosto condividere una narrativa coinvolgente che mostri come tali obiettivi possano cambiare il mondo in meglio. Una visione ispiratrice deve essere radicata in una profonda comprensione delle sfide e delle opportunità che le generazioni future affronteranno e deve presentare un percorso chiaro e realizzabile per raggiungere tali obiettivi. Raccontare storie di successi, sfide superate e innovazioni realizzate può servire a illustrare concretamente come le aspirazioni possano essere trasformate in realtà.

Inoltre, ispirare le generazioni future richiede un impegno costante nella formazione e nello sviluppo dei giovani leader. Questo significa investire tempo e risorse nel mentoring, nella formazione e nel sostegno di coloro che hanno il potenziale per guidare in futuro. I leader devono essere disposti a condividere le loro esperienze, a offrire consigli e a fornire opportunità che aiutino i giovani a sviluppare le loro competenze e a costruire la loro fiducia. Creare programmi di mentoring, opportunità di stage e iniziative educative sono modalità attraverso le quali i leader possono esercitare un'influenza positiva e duratura.

Un altro elemento cruciale è l'incoraggiamento alla creatività e all'innovazione. I leader devono incoraggiare le giovani generazioni a pensare in modo critico e a sfidare lo status quo, promuovendo un ambiente in cui le nuove idee possono essere esplorate e sviluppate. Supportare progetti, idee e iniziative che nascono dai giovani non solo dimostra fiducia nelle loro capacità, ma contribuisce anche a creare un clima di dinamismo e progresso. La capacità di stimolare la curiosità e l'innovazione è fondamentale per garantire che le generazioni future possano affrontare le sfide in modo creativo e proattivo.

Incoraggiare l'adozione di valori etici e una visione orientata al bene comune è essenziale per ispirare le generazioni future. Un leader deve enfatizzare l'importanza di prendere decisioni basate su principi di equità, giustizia e responsabilità sociale. Questo significa non solo discutere di valori etici, ma anche mostrare come questi valori possano essere applicati nella pratica quotidiana. Promuovere un impegno verso la sostenibilità, la giustizia sociale e la responsabilità è fondamentale per preparare i giovani a essere leader consapevoli e impegnati nel creare un impatto positivo.

Inoltre, è cruciale che i leader non solo parlino di cambiamento e miglioramento, ma che siano attivamente coinvolti in iniziative che dimostrino il loro impegno per il futuro. Questo implica partecipare a progetti comunitari, sostenere cause sociali e contribuire a iniziative che abbiano un impatto positivo e duraturo. La partecipazione attiva in tali iniziative serve da esempio per i giovani, dimostrando che l'impegno per il miglioramento e il servizio alla comunità sono valori fondamentali.

Infine, l'ispirazione per le generazioni future richiede una riflessione continua e un impegno verso il miglioramento personale e professionale. I leader devono essere aperti al cambiamento e alla crescita, mostrando ai giovani che l'apprendimento e l'evoluzione sono processi senza fine. Questo non solo aiuta a mantenere la rilevanza del proprio leadership, ma offre anche un esempio di resilienza e adattabilità che i giovani possono adottare e applicare nelle loro stesse vite e carriere.

In conclusione, ispirare le generazioni future è un compito che richiede dedizione, autenticità e un impegno costante verso la crescita e il miglioramento. Attraverso l'esempio personale, la comunicazione di una visione chiara, l'investimento nello sviluppo dei giovani, il sostegno alla creatività, la promozione dei valori etici, e la partecipazione attiva in iniziative di cambiamento, i leader possono lasciare un'impronta duratura che guiderà e motiverà le generazioni future a perseguire grandi obiettivi e a creare un mondo migliore. L'eredità di un leader è misurata non solo dai risultati ottenuti durante la propria carriera, ma anche dal potere di ispirare e guidare quelli che verranno dopo, assicurando che il loro impatto continui a fiorire e a prosperare nel tempo.

Cambiare il mondo in meglio

Cambiare il mondo in meglio è un obiettivo ambizioso che va oltre il successo personale e il raggiungimento di obiettivi professionali. È il segno distintivo di una leadership che si impegna non solo a realizzare risultati tangibili, ma anche a contribuire a un bene più grande. Questo tipo di leadership non è solo orientato ai risultati immediati, ma mira a creare un impatto positivo e duraturo che trasforma le vite delle persone, le comunità e la società nel suo complesso.

Il primo passo per cambiare il mondo in meglio come leader è identificare e comprendere le problematiche e le sfide che necessitano di cambiamento. Questo richiede una consapevolezza profonda e un'analisi critica delle condizioni esistenti. Un leader deve essere in grado di vedere oltre la superficie e riconoscere le ingiustizie, le inefficienze e le opportunità per migliorare. La consapevolezza delle sfide è il punto di partenza per sviluppare una visione chiara di come apportare cambiamenti significativi e sostenibili.

Una volta che un leader ha identificato le aree di intervento, è essenziale sviluppare e comunicare una visione ispiratrice per il cambiamento. Questa visione deve essere ambiziosa ma raggiungibile, e deve essere in grado di mobilitare e motivare le persone verso un obiettivo comune. Una visione efficace non solo descrive cosa deve essere cambiato, ma anche come tale cambiamento migliorerà la vita delle persone e contribuirà a una società migliore. Comunicare questa visione con passione e chiarezza è cruciale per ottenere il sostegno e l'impegno degli altri.

Per trasformare la visione in realtà, i leader devono adottare un approccio strategico e orientato ai risultati. Questo implica la definizione di obiettivi chiari e misurabili, lo sviluppo di piani d'azione dettagliati e la mobilitazione delle risorse necessarie. La strategia deve essere ben pianificata e deve includere un'analisi delle risorse disponibili, delle competenze richieste e dei potenziali ostacoli. Un piano d'azione efficace deve essere flessibile, in grado di adattarsi ai cambiamenti e di affrontare le sfide imprevisti, garantendo al contempo un focus costante sui risultati desiderati.

Un aspetto cruciale del cambiamento positivo è la capacità di costruire alleanze e collaborazioni. Cambiare il mondo spesso richiede uno sforzo collettivo, e un leader deve essere in grado di lavorare con altri per raggiungere obiettivi condivisi. Questo significa costruire relazioni solide, negoziare compromessi e mobilitare il supporto di stakeholder chiave. Le alleanze possono includere collaborazioni con altre organizzazioni, partnership con comunità locali, e coinvolgimento di esperti e leader d'opinione. Lavorare in rete e creare una coalizione di sostenitori può amplificare l'impatto e facilitare il raggiungimento degli obiettivi.

Un'altra componente essenziale per cambiare il mondo in meglio è l'impegno verso la sostenibilità. Le soluzioni proposte devono essere sostenibili a lungo termine e non devono compromettere le risorse future. Questo significa adottare pratiche e approcci che minimizzano l'impatto ambientale, promuovono la giustizia sociale e garantiscono un'equità economica. La sostenibilità è una parte integrante di qualsiasi cambiamento positivo, assicurando che i benefici siano duraturi e che le risorse siano gestite responsabilmente.

Inoltre, è importante che i leader dimostrino resilienza e determinazione nel perseguire il cambiamento. Cambiare il mondo non è un compito facile e spesso comporta affrontare resistenze, superare ostacoli e perseverare di fronte a difficoltà. Un leader deve essere capace di mantenere la propria motivazione e quella degli altri, anche quando le sfide sembrano insormontabili. La capacità di adattarsi ai cambiamenti e di rispondere proattivamente alle difficoltà è fondamentale per garantire che il cambiamento possa essere realizzato e mantenuto.

Il cambiamento positivo deve anche essere radicato in un forte senso di responsabilità e di integrità. I leader devono essere trasparenti nelle loro azioni e decisioni, mantenendo un impegno costante verso i principi di eticità e giustizia. Questo non solo costruisce fiducia e credibilità, ma assicura anche che il cambiamento apportato sia giusto e equo per tutti. La responsabilità e l'integrità sono essenziali per garantire che il cambiamento non solo raggiunga i suoi obiettivi ma lo faccia in un modo che rispetti i valori fondamentali di equità e onestà.

Infine, è cruciale che i leader si impegnino a misurare e valutare l'impatto del cambiamento che hanno cercato di realizzare. La valutazione regolare dei risultati consente di comprendere l'efficacia delle strategie adottate, di identificare aree di miglioramento e di garantire che gli obiettivi siano stati raggiunti. I feedback e le valutazioni aiutano anche a mantenere il focus sugli obiettivi e a fare aggiustamenti necessari per migliorare ulteriormente i risultati.

In conclusione, cambiare il mondo in meglio richiede una combinazione di visione, strategia, collaborazione, sostenibilità, resilienza e responsabilità. Un leader che riesce a integrare questi elementi nella propria azione e nella propria visione può creare un impatto duraturo e significativo. Questo tipo di leadership non solo trasforma le organizzazioni e le comunità, ma contribuisce anche a costruire un futuro migliore e più giusto per tutti. L'eredità di un leader che cambia il mondo in meglio è una testimonianza del suo impegno verso il bene comune e un esempio ispiratore per le generazioni future.

Conclusione

Capitolo 15: Il viaggio della leadership continua

Imparare e crescere continuamente

"L'APPRENDIMENTO NON ESAURISCE MAI LA MENTE." — Leonardo da Vinci

Il viaggio della leadership è un percorso senza fine, una continua evoluzione che richiede un impegno costante per l'apprendimento e la crescita personale. Questa prospettiva è fondamentale per chi aspira a essere un leader efficace e ispiratore, poiché la capacità di adattarsi, apprendere e migliorare non solo arricchisce il proprio percorso di leadership ma contribuisce significativamente alla crescita e al successo delle persone e delle organizzazioni che si guidano.

L'Importanza dell'Apprendimento Continuo

L'apprendimento continuo è la chiave per una leadership efficace e sostenibile. In un mondo in rapido cambiamento, le competenze e le conoscenze di ieri potrebbero non essere più sufficienti per affrontare le sfide di oggi e di domani. I leader devono essere pronti a imparare nuove competenze, ad aggiornare le loro conoscenze e a rimanere al passo con le tendenze e le innovazioni del settore. Questo non solo migliora le proprie capacità di leadership, ma aiuta anche a mantenere la rilevanza e l'efficacia nel contesto professionale e personale.

Il processo di apprendimento continuo deve essere proattivo e intenzionale. I leader dovrebbero dedicare tempo regolarmente alla formazione, partecipare a corsi di aggiornamento, leggere libri e articoli, e cercare opportunità di sviluppo professionale. Inoltre, l'apprendimento continuo implica anche l'accettazione e l'apprendimento dai propri errori. Ogni esperienza, sia positiva che negativa, offre preziose lezioni che possono contribuire a una maggiore comprensione e competenza nella leadership.

Crescita Personale e Professionale

La crescita personale è strettamente legata alla crescita professionale. I leader devono lavorare non solo per migliorare le loro competenze tecniche e professionali, ma anche per sviluppare la propria intelligenza emotiva, resilienza e capacità di gestione del cambiamento. La consapevolezza di sé, la riflessione sulle proprie esperienze e la ricerca di feedback costruttivo sono tutte pratiche che possono contribuire a una crescita personale significativa.

Investire nel proprio sviluppo personale non solo arricchisce le proprie capacità come leader, ma crea anche un modello di comportamento per gli altri. Quando i leader dimostrano un impegno costante per la propria crescita, incoraggiano i membri del loro team a fare lo stesso, creando una cultura di apprendimento e miglioramento continuo all'interno dell'organizzazione. Questa cultura può portare a un aumento della motivazione, della produttività e della soddisfazione lavorativa.

Affrontare le Sfide con Coraggio

Il viaggio della leadership è inevitabilmente costellato di sfide e ostacoli. Essere un leader significa affrontare situazioni difficili, prendere decisioni complesse e gestire imprevisti con determinazione e coraggio. La capacità di affrontare le sfide con un atteggiamento positivo e proattivo è essenziale per superare le difficoltà e raggiungere il successo. Questo richiede non solo competenze tecniche e strategiche, ma anche una forte capacità di resilienza e una mentalità aperta al cambiamento.

Affrontare le sfide con coraggio implica anche la volontà di prendere rischi calcolati e di uscire dalla propria zona di comfort. I leader che si cimentano in nuove sfide e che sono disposti a sperimentare e innovare dimostrano un impegno verso il miglioramento e il progresso. Questo atteggiamento non solo porta a risultati migliori, ma ispira anche gli altri a adottare una mentalità simile, creando un ambiente di lavoro dinamico e orientato ai risultati.

Celebrare i Successi

Celebrando i successi, i leader riconoscono e apprezzano i traguardi raggiunti e i risultati ottenuti. Questa pratica non solo rafforza il morale e la motivazione del team, ma contribuisce anche a consolidare una cultura di successo e di eccellenza. Le celebrazioni dei successi dovrebbero essere autentiche e significative, riflettendo il valore e l'importanza dei risultati raggiunti.

Le celebrazioni possono assumere diverse forme, dai riconoscimenti pubblici e premi, ai momenti di condivisione e gratitudine. Riconoscere i successi individuali e di gruppo aiuta a mantenere alta la motivazione e a rafforzare il senso di appartenenza e di orgoglio all'interno del team. È importante che queste celebrazioni siano accompagnate da riflessioni sui successi ottenuti e sulle lezioni apprese, per consolidare ulteriormente l'apprendimento e il miglioramento continuo.

Mai Smettere di Aspirare a Qualcosa di Più Grande

Infine, i leader devono mantenere viva l'ambizione e l'aspirazione a raggiungere traguardi sempre più elevati. La leadership efficace non si ferma mai; è un viaggio continuo di crescita, scoperta e innovazione. Essere soddisfatti del raggiungimento degli obiettivi non deve impedire ai leader di sognare e aspirare a nuovi traguardi. La capacità di porsi obiettivi ambiziosi e di perseguirli con passione è fondamentale per continuare a crescere e a fare progressi.

L'aspirazione a qualcosa di più grande stimola la creatività, la motivazione e l'impegno. I leader che continuano a sognare e a fissare nuovi obiettivi ispirano gli altri a fare lo stesso, contribuendo a un ambiente di lavoro positivo e orientato al successo. Questo spirito di aspirazione e di continua ricerca di miglioramento è ciò che distingue i leader straordinari da quelli ordinari e li prepara a affrontare le sfide future con fiducia e determinazione.

Conclusione

Il viaggio della leadership è un percorso in continua evoluzione che richiede un impegno incessante per l'apprendimento e la crescita. Imparare e crescere continuamente, affrontare le sfide con coraggio, celebrare i successi e mantenere viva l'aspirazione a qualcosa di più grande sono tutti elementi essenziali per essere un leader efficace e ispiratore. Questa mentalità di crescita e miglioramento non solo arricchisce il proprio percorso di leadership, ma contribuisce anche a creare un impatto positivo e duraturo sulle persone, sulle organizzazioni e sulla società nel suo complesso. Essere un leader significa intraprendere un viaggio senza fine verso l'eccellenza e il miglioramento continuo, influenzando positivamente le vite degli altri e lasciando un'eredità di successo e ispirazione per le generazioni future.

Affrontare le sfide con coraggio

Affrontare le sfide con coraggio è una delle competenze fondamentali che definisce una leadership efficace e duratura. Le sfide sono inevitabili e spesso imprevedibili, e la capacità di affrontarle con determinazione, resilienza e audacia può fare la differenza tra il successo e il fallimento. Questo processo richiede non solo competenze pratiche e strategiche, ma anche un forte senso di auto-consapevolezza e una mentalità positiva. Esploriamo come i leader possono affrontare le sfide con coraggio e perché questa capacità è cruciale per una leadership di successo.

Comprendere la Natura delle Sfide

Le sfide possono variare notevolmente in termini di complessità e impatto. Possono essere di natura strategica, operativa, relazionale o personale. Un leader deve essere in grado di riconoscere e comprendere la natura specifica delle sfide che affronta. Questo richiede una valutazione accurata della situazione, una comprensione approfondita dei problemi e una chiara definizione degli obiettivi. Affrontare una sfida richiede innanzitutto una chiara comprensione di ciò che è in gioco e di quali sono le implicazioni per l'organizzazione e il team.

Sviluppare una Mentalità Positiva

La mentalità con cui un leader affronta una sfida può influenzare notevolmente l'esito della situazione. Una mentalità positiva non significa ignorare le difficoltà o minimizzare i problemi, ma piuttosto mantenere un atteggiamento costruttivo e proattivo. Un leader deve credere nella propria capacità di superare gli ostacoli e deve essere in grado di trasmettere questa convinzione al proprio team. La fiducia in sé e nel team può generare un effetto di auto-empowerment e di resilienza che è essenziale per affrontare le difficoltà con successo.

Elaborare una Strategia

Affrontare una sfida richiede una pianificazione strategica. Un leader deve sviluppare una strategia chiara e ben definita per affrontare la situazione. Questo implica identificare le risorse necessarie, definire i passi concreti da seguire e stabilire i criteri di successo. Una strategia efficace deve essere flessibile e adattabile, poiché le circostanze possono cambiare e nuove informazioni possono emergere. Essere preparati a modificare la strategia in risposta a nuove sfide o opportunità è una componente chiave del coraggio nella leadership.

Comunicare e Mobilitare il Team

La comunicazione gioca un ruolo cruciale nel modo in cui una sfida viene affrontata. Un leader deve essere in grado di comunicare chiaramente e onestamente con il proprio team riguardo alla situazione, alle aspettative e alle azioni necessarie. Questa comunicazione deve essere trasparente e motivante, aiutando il team a comprendere il contesto e a sentirsi coinvolto nella risoluzione del problema. Mobilitare il team e ottenere il loro sostegno è essenziale per superare le sfide in modo efficace. Un leader deve essere capace di ispirare e motivare il team anche nei momenti di difficoltà, mantenendo alto il morale e l'impegno.

Affrontare l'Incertezza e il Rischio

Le sfide spesso comportano una certa dose di incertezza e rischio. Affrontare l'incertezza richiede la capacità di prendere decisioni informate con le informazioni disponibili, anche quando non tutte le variabili sono conosciute. I leader devono essere disposti a prendere rischi calcolati e ad affrontare l'incertezza con determinazione. Questo può significare prendere decisioni difficili, assumersi la responsabilità delle conseguenze e mantenere la calma anche quando la situazione è tesa. La gestione del rischio e la capacità di prendere decisioni sotto pressione sono componenti essenziali del coraggio nella leadership.

Resilienza e Adattamento

La resilienza è una qualità cruciale per affrontare le sfide con coraggio. Un leader resiliente è in grado di recuperare rapidamente dai fallimenti e dalle difficoltà, di apprendere dalle esperienze e di adattarsi ai cambiamenti. Questa capacità di riprendersi e di andare avanti, nonostante gli ostacoli, è fondamentale per mantenere la motivazione e la direzione durante periodi di crisi. La resilienza non solo aiuta i leader a superare le sfide, ma anche a rimanere focalizzati sugli obiettivi a lungo termine.

Imparare e Crescere

Ogni sfida affrontata offre opportunità di apprendimento e crescita. I leader devono essere disposti a riflettere sulle proprie esperienze, ad analizzare cosa ha funzionato e cosa no, e a integrare queste lezioni nel loro sviluppo futuro. La riflessione post-sfida è un processo importante che consente ai leader di migliorare le loro competenze e di prepararsi meglio per le sfide future. Imparare dalle difficoltà e dagli errori non solo arricchisce il percorso di leadership, ma contribuisce anche a costruire una maggiore capacità di affrontare le sfide con maggiore efficacia.

Esempio e Ispirazione

Infine, affrontare le sfide con coraggio non è solo una questione di competenze personali, ma anche di leadership per esempio. I leader devono dimostrare coraggio e resilienza attraverso le loro azioni e comportamenti. Questo esempio di comportamento coraggioso può ispirare e motivare gli altri a seguire lo stesso approccio. Quando un leader affronta le difficoltà con integrità e determinazione, crea un modello di comportamento che incoraggia il team a fare altrettanto, promuovendo una cultura di resilienza e proattività.

Conclusione

Affrontare le sfide con coraggio è un aspetto fondamentale della leadership che richiede una combinazione di auto-consapevolezza, strategia, comunicazione, resilienza e esempio personale. I leader che riescono a gestire le difficoltà con determinazione e audacia non solo superano gli ostacoli, ma ispirano anche il loro team a crescere e a prosperare. Questo coraggio non solo guida il superamento delle sfide immediate, ma contribuisce anche alla costruzione di una leadership duratura e all'impatto positivo sull'organizzazione e sulla società.

Celebrare i successi

Celebrare i successi è una pratica fondamentale che non solo riconosce e valorizza i traguardi raggiunti, ma rafforza anche la motivazione, il morale e l'unità all'interno di un team. Questa pratica, sebbene possa sembrare una semplice formalità, è in realtà una componente essenziale della leadership efficace e della gestione delle risorse umane. Celebrando i successi in modo autentico e significativo, i leader possono creare un ambiente di lavoro positivo e stimolante, che incoraggia il miglioramento continuo e la crescita personale e professionale.

Il Significato della Celebrazione

La celebrazione dei successi va oltre il semplice atto di riconoscere i risultati ottenuti. È un modo per esprimere apprezzamento e gratitudine per il lavoro duro, l'impegno e le competenze dimostrate. Le celebrazioni servono a consolidare il senso di realizzazione e a rinforzare il valore del contributo individuale e collettivo. Questo riconoscimento ha un impatto positivo sulla motivazione e sulla soddisfazione del team, e può contribuire a costruire una cultura organizzativa orientata al successo e alla realizzazione.

Riconoscere i Successi Individuali e di Gruppo

È essenziale riconoscere e celebrare sia i successi individuali che quelli di gruppo. Ogni membro del team contribuisce in modo unico al raggiungimento degli obiettivi e merita di essere riconosciuto per il proprio contributo. Questo riconoscimento può assumere forme diverse, come premi, elogi pubblici o opportunità di sviluppo professionale. Allo stesso tempo, è importante celebrare i successi collettivi, che riflettono il risultato del lavoro di squadra e l'efficacia della collaborazione. Le celebrazioni di gruppo possono includere eventi sociali, riconoscimenti pubblici o momenti di condivisione che rafforzano il senso di appartenenza e di coesione.

Modalità di Celebrazione

Le modalità di celebrazione possono variare notevolmente a seconda della cultura organizzativa, delle risorse disponibili e delle preferenze del team. Alcuni metodi comuni includono:

1. **Premi e Riconoscimenti:** Assegnare premi formali o informali per riconoscere il contributo eccezionale. Questo potrebbe includere certificati, trofei, bonus o altre forme di riconoscimento tangibile.

2. **Eventi e Festeggiamenti:** Organizzare eventi speciali, come pranzi o cene aziendali, feste o altre attività sociali, per celebrare i successi in modo festivo e coinvolgente.

3. **Comunicazione Pubblica:** Utilizzare comunicazioni interne, come newsletter aziendali, bacheche o riunioni, per annunciare e celebrare i successi. Questo contribuisce a creare un senso di orgoglio e riconoscimento all'interno dell'organizzazione.

4. **Feedback e Apprezzamento:** Fornire feedback positivo e sincero sui risultati ottenuti. Questo può avvenire attraverso incontri individuali o pubblicamente, esprimendo apprezzamento e gratitudine per il lavoro svolto.

Il Ruolo della Leadership nella Celebrazione

Il ruolo del leader nella celebrazione dei successi è cruciale. I leader devono essere autentici nel riconoscere i risultati e nell'esprimere apprezzamento. La celebrazione deve essere genuina e riflettere il valore reale del contributo del team. Inoltre, i leader devono essere proattivi nel creare opportunità per celebrare i successi e nel coinvolgere il team in queste celebrazioni. Questo non solo dimostra un impegno verso il riconoscimento e il valore del lavoro del team, ma contribuisce anche a rafforzare la cultura di successo e di motivazione all'interno dell'organizzazione.

L'Impatto sulla Motivazione e sul Morale

Le celebrazioni dei successi hanno un impatto diretto sulla motivazione e sul morale del team. Quando i successi sono riconosciuti e celebrati, i membri del team si sentono apprezzati e valorizzati. Questo aumenta la loro motivazione a continuare a lavorare sodo e a contribuire al successo dell'organizzazione. Inoltre, celebrare i successi contribuisce a costruire un ambiente di lavoro positivo, in cui i dipendenti si sentono soddisfatti e orgogliosi del loro lavoro. Questo, a sua volta, può portare a una maggiore lealtà, a una riduzione del turnover e a un miglioramento generale della produttività.

Riflessione e Apprendimento

La celebrazione dei successi non è solo un'opportunità per riconoscere e apprezzare i risultati, ma anche per riflettere su ciò che è stato appreso durante il processo. Ogni successo offre l'opportunità di valutare cosa ha funzionato bene e di identificare le pratiche che possono essere replicate o migliorate. I leader devono incoraggiare il team a riflettere sulle esperienze e a condividere le lezioni apprese. Questo non solo rafforza il processo di apprendimento continuo, ma aiuta anche a preparare il team per future sfide e opportunità.

Conclusione

Celebrare i successi è una pratica essenziale per una leadership efficace e per il mantenimento di un ambiente di lavoro positivo e motivante. Riconoscere e apprezzare i risultati, sia individuali che di gruppo, non solo rinforza la motivazione e il morale, ma contribuisce anche a costruire una cultura di successo e di realizzazione. I leader devono essere proattivi e autentici nel celebrare i successi, utilizzando modalità che riflettano il valore reale del contributo del team. Questa pratica non solo migliora l'esperienza lavorativa, ma promuove anche la crescita, il miglioramento continuo e il successo a lungo termine dell'organizzazione.

Mai smettere di aspirare a qualcosa di più grande

Il concetto di aspirare a qualcosa di più grande è una delle colonne portanti della leadership visionaria e ispiratrice. Questo principio non solo guida i leader verso obiettivi ambiziosi, ma li spinge anche a mantenere viva la loro motivazione e il loro impegno, nonostante le sfide e le difficoltà. È una mentalità che promuove la crescita continua, l'innovazione e il miglioramento costante, sia a livello personale che organizzativo.

La Visione a Lungo Termine

Aspirare a qualcosa di più grande inizia con la creazione e il mantenimento di una visione chiara e ambiziosa. Una visione a lungo termine fornisce una direzione e uno scopo, aiutando i leader a concentrarsi su obiettivi che superano le conquiste immediate. Questa visione deve essere sufficientemente audace da ispirare e motivare, ma anche realistica e raggiungibile con impegno e strategia. Una visione ben definita serve come faro che guida le decisioni quotidiane e le strategie a lungo termine, e incoraggia a superare i limiti percepiti.

Il Potere della Crescita Continua

Mai smettere di aspirare a qualcosa di più grande implica un impegno costante verso la crescita personale e professionale. Questo significa essere sempre alla ricerca di nuove opportunità per apprendere, migliorare e svilupparsi. Per un leader, questo può tradursi in una continua formazione, l'acquisizione di nuove competenze, e l'adozione di nuove tecnologie e metodi. La crescita continua non solo arricchisce il leader stesso, ma eleva anche il team e l'organizzazione, mantenendo la competitività e la rilevanza nel tempo.

Superare la Comfort Zone

Aspettative elevate richiedono il superamento della comfort zone. La crescita e il progresso avvengono spesso al di fuori delle aree di comfort conosciute e sicure. I leader devono essere disposti ad affrontare l'ignoto, ad accettare il rischio e a superare le sfide. Questo richiede coraggio e resilienza, ma anche una predisposizione ad abbracciare l'innovazione e il cambiamento. Superare la comfort zone può portare a scoperte straordinarie e a risultati significativi, contribuendo a realizzare la visione più grande e ambiziosa.

Impostare e Rivedere Obiettivi Ambiziosi

Aspirare a qualcosa di più grande comporta la definizione di obiettivi ambiziosi che sfidano lo status quo. Gli obiettivi devono essere chiari, misurabili e orientati verso il raggiungimento della visione a lungo termine. Tuttavia, è altrettanto importante rivedere e aggiornare questi obiettivi periodicamente, in base ai cambiamenti nelle circostanze, nelle opportunità e nelle risorse disponibili. La revisione regolare degli obiettivi permette di mantenere la visione fresca e rilevante, e di adattare le strategie in risposta ai cambiamenti del contesto.

Incoraggiare e Ispirare Altri

Un leader che aspira a qualcosa di più grande non solo persegue i propri obiettivi, ma ispira anche gli altri a fare lo stesso. Questo significa creare un ambiente in cui i membri del team si sentano motivati a perseguire le proprie ambizioni e a contribuire alla realizzazione della visione condivisa. I leader devono offrire supporto, risorse e opportunità di crescita ai membri del loro team, incoraggiando e riconoscendo i loro progressi e successi. La capacità di ispirare e guidare gli altri verso obiettivi ambiziosi è una caratteristica fondamentale di una leadership efficace.

Accettare il Fallimento come Parte del Processo

Aspirare a qualcosa di più grande implica inevitabilmente affrontare fallimenti e insuccessi. È fondamentale per i leader vedere il fallimento non come una battuta d'arresto, ma come una parte naturale e preziosa del percorso verso il successo. Ogni fallimento offre opportunità di apprendimento e di crescita. I leader devono sviluppare una mentalità resiliente, capace di affrontare i fallimenti con ottimismo e determinazione, e di utilizzare le lezioni apprese per migliorare le strategie e le decisioni future.

Esempi di Grandi Leader

La storia è piena di esempi di leader che hanno aspirato a qualcosa di più grande e hanno trasformato il loro mondo. Figure come Steve Jobs, Nelson Mandela e Marie Curie hanno dimostrato che una visione ambiziosa e la determinazione a raggiungerla possono portare a cambiamenti significativi e duraturi. Questi leader non si sono mai accontentati dei successi ottenuti, ma hanno continuato a spingere i confini del possibile, ispirando e influenzando profondamente il mondo che li circondava.

Conclusione

Aspirare a qualcosa di più grande è un principio che definisce la leadership visionaria e ispiratrice. Questa mentalità non solo spinge i leader a perseguire obiettivi ambiziosi e a superare i limiti percepiti, ma promuove anche una cultura di crescita, innovazione e resilienza. Attraverso una visione chiara, obiettivi ambiziosi e un impegno costante verso la crescita personale e professionale, i leader possono realizzare cambiamenti significativi e duraturi. Mai smettere di aspirare a qualcosa di più grande è una chiamata all'azione, una spinta verso il miglioramento continuo e un impegno verso la realizzazione del potenziale massimo.